C. Hensel

Betriebswirtschaftslehre kompakt

Betrieblicher Leistungsprozess

MIX
Papier aus verantwortungsvollen Quellen
Paper from responsible sources
FSC® C105338
FSC
www.fsc.org

Liebe Leserin, lieber Leser,

vielen Dank für den Kauf dieses Buches. Es soll Ihnen bei Ihrer Aus- oder Weiterbildung ein hilfreicher Begleiter sein. Dabei spielt es keine Rolle, ob Sie Fach- oder Betriebswirt, Meister oder Techniker werden wollen oder eine betriebswirtschaftliche Berufsausbildung absolvieren.

Dieses Buch ist nicht nur eine Formelsammlung, sondern auch ein praktisches Nachschlagewerk. Sie finden in ihm Erklärungen von Fachbegriffen und Sachverhalten, aber auch spezielle Formeln und anschauliche Beispielrechnungen. Darüber hinaus enthält es viele grafische Kurzdarstellungen, die den Text ergänzen und als Merkhilfe dienen. Sollten Sie einen bestimmten Begriff suchen, so werden Sie über das ausführliche Stichwortverzeichnis schnell fündig.

Ich wünsche Ihnen nun viel Erfolg beim Lernen und bei Ihrem Vorhaben!

C. Hensel

 HINWEISE ZUR BENUTZUNG DIESES BUCHES
- ✔ Zur besseren Lesbarkeit wurde nur die männliche Form gewählt. Natürlich sind damit immer Frauen und Männer gemeint.
- ✔ Die Einheit in den eckigen Klammern hinter dem Formelname ist die Einheit des Ergebnisses. So bedeutet z. B. Bestellkosten [€], dass die Bestellkosten in Euro angegeben werden. Steht keine Einheit dabei, handelt es sich um eine einfache Zahl, wie bzw. ein Faktor oder ein einfaches Verhältnis.

Betrieblicher Leistungsprozess

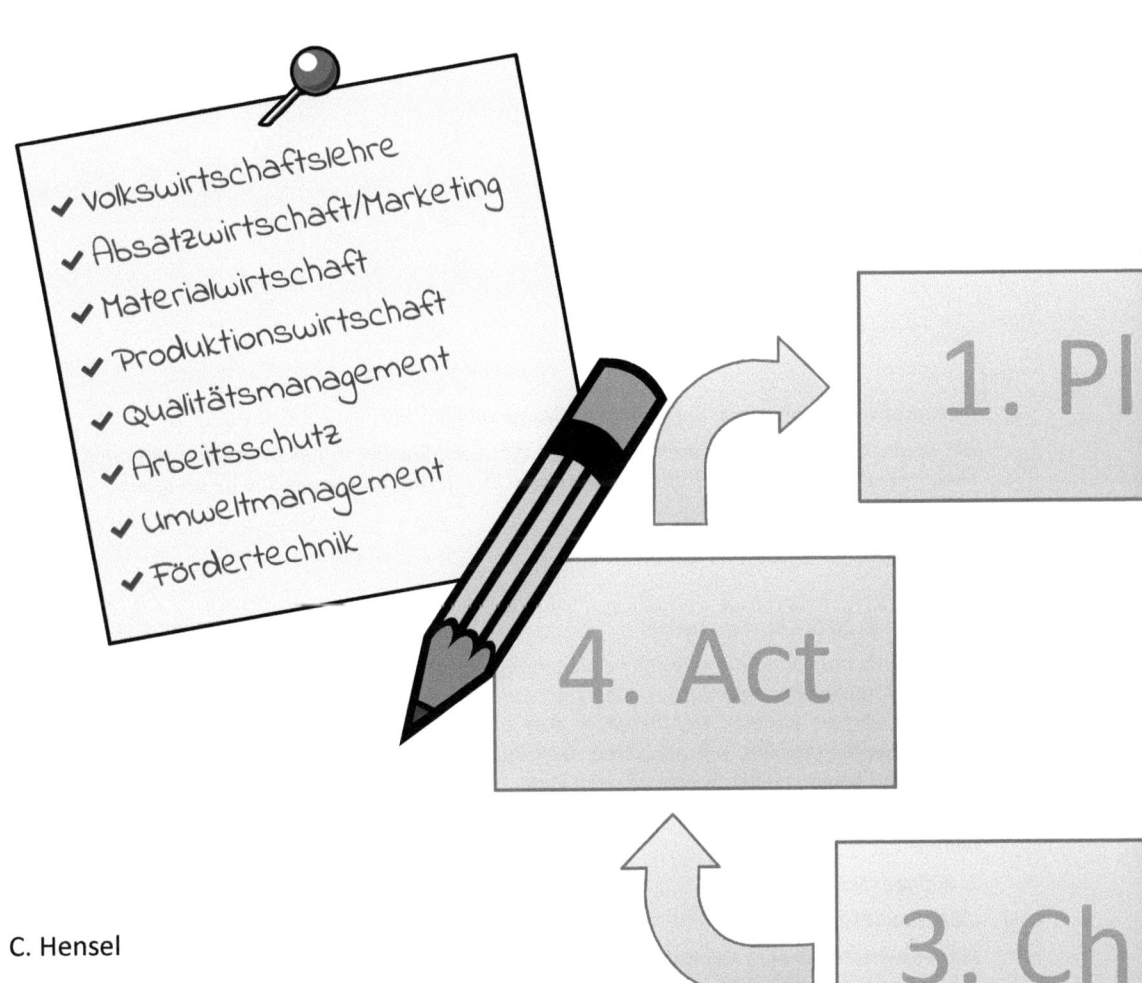

C. Hensel

Danksagung:

Der besondere Dank gilt Tanja Mühlhäuser,
die bei der Erstellung dieses Buches mitgewirkt hat.

Bibliografische Information der Deutschen Nationalbibliothek

Die Deutsche Nationalbibliothek verzeichnet diese Publikation in der Deutschen Nationalbibliografie; detaillierte bibliografische Daten sind im Internet über www.dnb.de abrufbar.

1. Auflage: November 2018

ISBN: 9783752866179

Betriebswirtschaftslehre kompakt - Band 2

Herstellung und Verlag: BoD – Books on Demand, Norderstedt

INHALTSVERZEICHNIS

Neulich in der Versandabteilung

Eine halbe Stunde später...

TIPPS FÜR DIE PRÜFUNG

Da es in der Prüfung auf jeden Punkt ankommt, sollten Sie Folgendes beachten:

- ☑ Legen Sie sich eine Bearbeitungsreihenfolge fest:
  - ☑ Nehmen Sie sich kurz Zeit, um alle Aufgaben durchzulesen und so einen Überblick über alle geforderten Fragen zu erhalten.
  - ☑ Stürzen Sie sich nicht sofort auf die erste Aufgabe, sondern beginnen Sie mit der Aufgabe, bei der Sie sich sicher sind und somit die ersten Punkte holen können.
  - ☑ Bearbeiten Sie anschließend die schwierigeren Aufgaben.
  - ☑ Markieren oder haken Sie bereits gelöste Aufgaben bzw. Teilaufgaben ab.

- ☑ Lesen Sie die komplette Fragestellung genau durch, oftmals ist die gesuchte Antwort nicht das, was Sie auf den ersten Blick meinen.

- ☑ Wählen Sie den Antwortumfang richtig aus:
  - ☑ Bei Nennen Sie… genügt eine Antwort im Telegrammstil oder nur die Nennung des zutreffenden Begriffes.
  - ☑ Bei Nennen Sie drei Merkmale… werden nur die ersten drei Nennungen berücksichtigt. Achten Sie daher darauf, dass diese richtig sind.
  - ☑ Bei Erklären Sie…/Begründen Sie… ist eine ausführliche Beschreibung in ausformulierten Sätzen notwendig.
  - ☑ Bei Beschreiben Sie anhand eines Beispiels… muss ein Beispiel gebildet werden (am Besten mit Bezug auf die Ausgangssituation).
  - ☑ Bei Beschreiben Sie und bilden Sie ein Beispiel… ist eine allgemeine Beschreibung und danach ein konkretes Beispiel notwendig (am Besten mit Bezug auf die Ausgangssituation).

- ☑ Schreiben Sie auch bei Berechnungen immer einen kurzen Antwortsatz.

- ☑ Markieren Sie die gegebenen und die gesuchten Daten, so können Sie stets sehen, was Sie schon haben und was Sie noch berechnen müssen.

- ☑ Wenn eine Rechenaufgabe auf ein Ergebnis aus vorherigen Aufgaben aufbaut, Sie diese aber nicht lösen konnten, berechnen Sie die anschließende Aufgabe mit einem ausgedachten, plausiblen Wert. So erhalten Sie Teilpunkte für den richtigen Rechenweg.

- ☑ **Ergebnisse kurz überprüfen**, ob sie realistisch sind. So lassen sich Fehler gleich beheben (wenn der Gewinn höher ist als die Einnahmen, stimmt etwas nicht).

- ☑ Fordert ein Sachverhalt Vor- und Nachteile, gliedern Sie diese:

Vorteile:	1. …	Nachteile:	1. …
	2. …		2. …

> **HINWEIS**
> *Schreiben Sie die Vor- und Nachteile noch einmal hin, auch wenn die Vorteile des einen die Nach-teile des anderen sind.*

- ☑ **Immer die Uhr im Blick behalten.** Wenn Sie nicht weiterkommen, gehen Sie zur nächsten Aufgabe. Kontrollieren Sie in den letzten 15 bis 20 Minuten, ob Sie alle Aufgaben bearbeitet haben.

- ☑ Beschriften Sie zu Beginn der Prüfung Ihre Blätter mit Namen/persönlicher Prüfnummer, Datum und Prüfungsfach. Sortieren Sie erst am Ende der Prüfung Ihre Blätter.

- ☑ Schreiben Sie trotz Prüfungsstress und Zeitdruck lesbar, nachvollziehbar und verständlich. Schreiben Sie zur Veranschaulichung immer den kompletten Lösungsweg auf, wie Sie auf Ihre Lösung gekommen sind, denn der Prüfungskorrektor kann nur das bewerten, was er lesen und verstehen kann.

Der Autor wünscht Ihnen viel Erfolg bei Ihrer Prüfung!

1 **V**OLKSWIRTSCHAFTSLEHRE

Unter Volkswirtschaft versteht man einen wirtschaftlichen Pro-
zess zwischen den einzelnen Wirtschaftssubjekten wie private
Haushalte, Unternehmen, Banken, staatliche Einrichtungen und
dem Ausland.

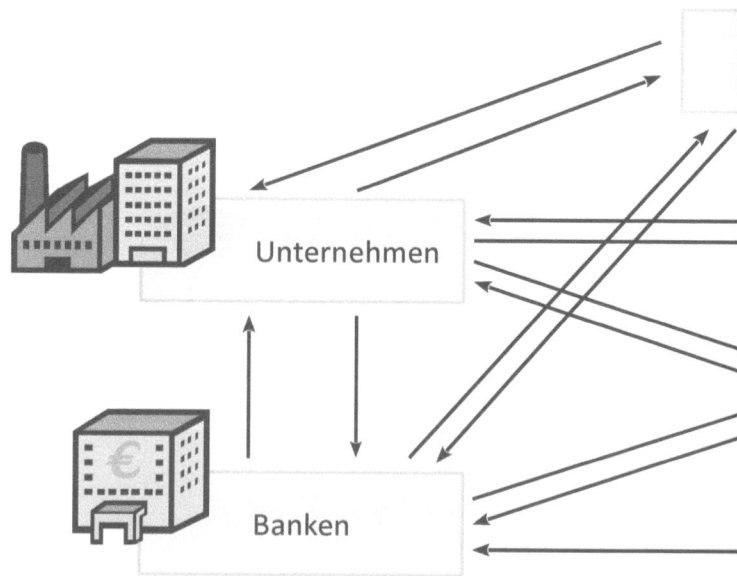

1.1 Grundlagen

Grundbegriffe der Volkswirtschaftslehre

Begriffe	Merkmale
Bedürfnis	ein Gefühl des Mangels, verbunden mit dem Wunsch, diesen zu beseitigen
Bedarf	es existiert ein Bedürfnis, für dessen Beseitigung Kaufkraft (in Form von Geld) vorhanden ist
Nachfrage	aus dem Bedarf ergibt sich die Nachfrage, wie stark bestimmte Güter verlangt bzw. gekauft werden (wird viel gekauft, ist die Nachfrage hoch)
Angebot	alle Güter, die vorhanden sind (die angeboten werden), orientiert sich im Idealfall an der Nachfrage
Güter	alle Mittel, die der Befriedigung der Menschen dienen
Waren	Güter werden im Einzelhandel Waren genannt
Makroökonomie	Beziehungen zwischen privaten Haushalten, Unternehmen, Staat und Ausland
Mikroökonomie	Verhalten zwischen Anbieter und Nachfrager auf den Märkten

Tabelle 1: Grundbegriffe der Volkswirtschaftslehre

Abgrenzung zur Betriebswirtschaftslehre (BWL)
Die Volkswirtschaftslehre untersucht die Beziehungen und Vorgänge zwischen ganzen Wirtschaftssektoren, z. B. alle Unternehmen zusammen. Die Betriebswirtschaftslehre geht nur auf die Vorgänge und Abläufe in einem bestimmen Unternehmen ein.

Bedürfnisse

Ein Bedürfnis ist ein Gefühl des Mangels, verbunden mit dem Wunsch, ihn zu beseitigen.

Bedürfnisse	
nach Art	**nach Dringlichkeit**
✓ **Individual-/Einzelbedürfnis** kann nur von einem Einzelnen befriedigt werden, z. B. das Bedürfnis zu Essen ✓ **Kollektiv-/Gemeinschaftsbedürfnis** kann nur von einer Gemeinschaft befriedigt werden, z. B. das Bedürfnis nach Sicherheit	✓ **Primär-/Existenzbedürfnis** ist zum Leben notwendig, z. B. Nahrung, Wasser ✓ **Sekundär-/Luxusbedürfnis** ist ein Bedürfnis nach Luxus, z. B. Auto, Schmuck

Abbildung 1: Überblick über die Bedürfnisse

Wirtschaftssektor (VWL-Sektor)

Er fasst alle Unternehmen aus der selben Branche zusammen, die die gleichen oder ähnliche Produkte und Dienstleistungen herstellen bzw. anbieten.

Wirtschaftssektoren				
primär *Urproduktion*	**sekundär** *Weiterverarbeitung*	**tertiär** *Dienstleistungen*	**quartär** *Informationen*	**quintär** *Entsorgung*
bieten <u>Rohstoffe</u> zum Verkauf an z. B. Fischerei, Forst- und Landwirtschaft, oft auch Bergbau	verarbeiten die Rohstoffe zu <u>fertigen Produkten</u>, z. B. Industrie, Handwerk, Energiegewinnung	bieten <u>Dienstleistungen</u> an, z. B. Handel, Privathaushalte, Staat, Verkehrsbetriebe, Werbeunternehmen	bieten <u>Dienste</u> an, die hohe geistige Ansprüche stellen und ausgeprägte Verantwortungsbereitschaft erfordern, z. B. Beratungen, Ingenieure, Kommunikationstechniken, Rechtsanwälte	<u>entsorgen</u> Produkte, z. B. Kläranlagen, Müllabfuhr, Recycling, Schrottplätze

Abbildung 2: Überblick über die Wirtschaftssektoren

Produktionsfaktoren

Produktionsfaktoren sind alle materiellen (z. B. Roh-, Hilfs- und Betriebsstoffe) und immateriellen Mittel (z. B. Dienstleistungen wie eine Rechtsberatung) und Leistungen, die benötigt werden, um Güter bereitzustellen.

Abbildung 3: Überblick über die volkswirtschaftlichen Produktionsfaktoren

Abbildung 4: Überblick über die betriebswirtschaftlichen Produktionsfaktoren

Der Einsatz der Produktionsfaktoren erfolgt nach dem **ökonomischen Prinzip**:

- Beim **Maximalprinzip** soll mit den gegebenen Mitteln der größtmögliche (maximale) Erfolg erzielt werden.
- Beim **Minimalprinzip** soll ein vorgegebenes Ziel mit möglichst geringem (minimalem) Aufwand erreicht werden.

Güter

Als Güter werden alle Mittel bezeichnet, die der Befriedigung der Menschen dienen.

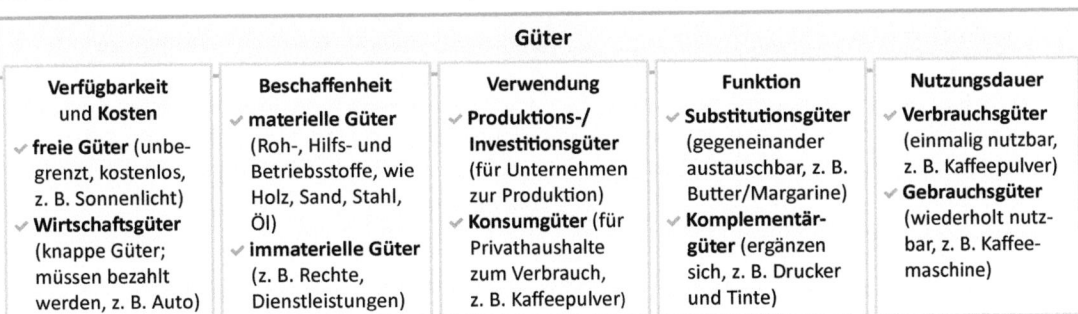

Abbildung 5: Unterscheidung der Güter

1.2 Wirtschaftssysteme

Es bezeichnet die Ordnung der Gesamtheit des Wirtschaftslebens in einem Land.

Wirtschaftssysteme		
freie Marktwirtschaft	**Zentralverwaltungswirtschaft**	**soziale Marktwirtschaft**
jeder Marktteilnehmer entscheidet für sich allein (Staat greift nicht ein)	Staat bestimmt alles und entscheidet für jeden Marktteilnehmer	jeder Marktteilnehmer entscheidet für sich alleine (Staat greift nur zum Wohle aller ein)

Abbildung 6: Unterscheidung der Wirtschaftssysteme

freie Marktwirtschaft

Die freie Marktwirtschaft baut auf den freien, einzelnen Planungen und Entscheidungen der Unternehmen und Haushalte auf. Es gibt keine staatlichen Vorschriften und Verordnungen, die das Wirtschaften einschränken. Der Staat schafft nur die rechtlichen Voraussetzungen, wie z. B. Gewährung der inneren und äußeren Sicherheit oder die Erstellung eines stabilen Geldwesens.

Merkmale der freien Marktwirtschaft:
• Entscheidungen werden nach dem Prinzip der Privatinitiative (jeder entscheidet für sich alleine) getroffen
• Preise bilden sich anhand der Güterknappheit (nach dem Angebot)
• Produktionsfaktoren gehören nur dem jeweiligen Einzelnen (Privatbesitz)
• schnelle Reaktion bei Veränderungen des Bedarfs/Marktes, z. B. durch Produktveränderungen oder bei neuen Produkten
• über die Preisbildung steuern die Märkte sowohl Produktion als auch Verteilung
• Wirtschaftsteilnehmer versuchen ihre eigenen Entscheidungen zu verwirklichen

Stärken der freien Marktwirtschaft	Schwächen der freien Marktwirtschaft
✓ größte Freiheit ✓ hohe Produktivität ✓ leistungsgerechte Verteilung ✓ Produktion nach den Bedürfnissen ✓ produktive, effiziente, flexible und bedarfsgerechte Herstellung von Gütern und Leistungen	✗ keine Chancengleichheit durch individuelle Ausgangsbedingungen in der Einkommens-/Vermögensverteilung ✗ langfristige Ziele werden durch eine kurzfristige Orientierung am Markt vernachlässigt ✗ Wettbewerb kann durch Kartellbildung beeinträchtigt werden

Tabelle 2: Stärken und Schwächen der freien Marktwirtschaft

Zentralverwaltungswirtschaft

Die Zentralverwaltungswirtschaft ist eine vollständig durch den Staat geplante und organisierte Volkswirtschaft. Der Staat gibt genaue Vorgaben für die Wirtschaft, z. B. Vorgaben über die zu produzierende Menge. Die Einhaltung der im Plan geforderten Ziele wird, wenn nötig, erzwungen.

Merkmale der Zentralverwaltungswirtschaft:
• langsame Reaktion auf Marktveränderungen, da alles lange vorher geplant wurde
• Preise sind festgelegt und geben so keine Informationen über die Knappheit
• Produktionsfaktoren gehören allen zusammen (Kollektivbesitz)
• produzierte Güter werden gleichmäßig an alle Mitglieder aufgeteilt
• Wirtschaftsplan bestimmt die komplette Produktion
• Wirtschaftsteilnehmer sind einflusslos und bekommen genaue Verhaltensweisen

Stärken der Zentralverwaltungswirtschaft	Schwächen der Zentralverwaltungswirtschaft
✔ durch Umverteilung des Reichtums soll Armut in der Gesellschaft verhindert werden ✔ Staat soll für eine hohe Sicherheit sorgen	✘ Planerstellung ist nur mit großem Aufwand möglich ✘ niedrige Produktivität ✘ Planungsfehler enden in Engpässen und Leerlauf ✘ schlechte Güterversorgung ✘ Staat entzieht dem Einzelnen die Verantwortung über sein wirtschaftliches Handeln

Tabelle 3: Stärken und Schwächen der Zentralverwaltungswirtschaft

soziale Marktwirtschaft

Die soziale Marktwirtschaft wurde in der Bundesrepublik Deutschland 1948 eingeführt. Sie versucht, den Grundsatz der Freiheit auf dem Markt mit dem Grundsatz des sozialen Ausgleichs zu vereinen. Sie soll die Vorteile der freien Marktwirtschaft beibehalten und deren Schwächen mittels staatlicher Tätigkeiten mildern. Dabei muss jedoch ein Mittelweg gefunden werden, um die soziale Marktwirtschaft nicht zu überfordern.

Merkmale der sozialen Marktwirtschaft:
• Entscheidungen werden nach dem Prinzip der Privatinitiative getroffen (jeder entscheidet für sich alleine)
• gute politische Rahmenbedingungen und hohe Leistungsbereitschaft ermöglichen Wachstum und Wohlstand
• Preise bilden sich anhand der Güterknappheit (nach dem Angebot)

→ *siehe Fortsetzung der Merkmale der sozialen Marktwirtschaft auf der nächsten Seite*

- Produktionsfaktoren gehören nur dem jeweiligen Einzelnen (Privatbesitz)
- Staat sorgt für soziale Sicherheit und gleichmäßige Verteilung
- über Preisbildung steuern die Märkte die Produktion und Verteilung
- Wirtschaftsteilnehmer versuchen ihre eigenen Entscheidungen durchzusetzen

Wirtschaftliche Aufgaben das Staates in der sozialen Marktwirtschaft

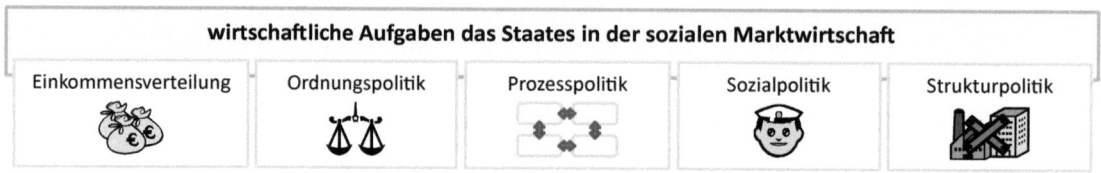

Abbildung 7: Überblick über die wirtschaftlichen Aufgaben das Staates in der sozialen Marktwirtschaft

Einkommensverteilung

Die Einkommen werden umverteilt durch:

- Einführung von einkommensabhängigen Steuern wie Lohnsteuer
- Einführung von Sozialabgaben wie Arbeitslosenversicherung
- Sozialleistungen an gewisse Gesellschaftsgruppen wie Arbeitslosen-, Kindergeld

Ordnungspolitik

Sie soll die Ordnungselemente erhalten und weiterentwickeln, sowie den rechtlichen Rahmen der wirtschaftlichen Ordnung gestalten.

- Arbeitsmarktordnungspolitik (Tarifautonomie, Arbeitszeit-, Arbeitsschutzgesetz)
- Eigentumspolitik (Gewährleistung des Privateigentums)
- Handels- und Gewerbepolitik (Gewerbefreiheit, Außenwirtschaftsgesetz)
- Umweltschutzpolitik (Bundesimmissionsschutzgesetz, Wasserhaushaltsgesetz)
- Währungspolitik (Regelung der Geldversorgung des Zahlungsverkehrs mit Ausland)
- Wettbewerbspolitik (Bekämpfung von Wettbewerbsbeschränkungen)

Prozesspolitik (Stabilitätspolitik)

Sie soll sich so auf den Konjunktur- und Wachstumsprozess der Wirtschaft auswirken, dass die Schwankungen nicht übermäßig groß werden.

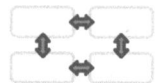

- angemessenes und stetiges Wirtschaftswachstum
- außenwirtschaftliches Gleichgewicht
- hoher Beschäftigungsgrad
- Preisniveaustabilität

} »magisches Viereck«

Sozialpolitik

Sie soll für soziale Sicherheit und soziale Gerechtigkeit sorgen und den sozialen Frieden in der Gesellschaft erhalten.

- Anregung zur Mitbestimmung im Wirtschaftsleben
- Ermöglichung der Chancengleichheit
- Systeme zur sozialen Absicherung der Erwerbstätigen
- Verbesserung der wirtschaftlich sozialen Lage gewisser Gesellschaftsgruppen
- Vorschriften zum Schutz gewisser Gesellschaftsgruppen

Strukturpolitik

Sie soll Strukturkrisen verhindern bzw. überwinden, um das gesamte Gleichgewicht der Wirtschaft nicht zu beeinträchtigen.

- Infrastrukturpolitik betrifft bestimmte Infrastrukturen wie beispielsweise Abfallbeseitigung, Bildungswesen, Verkehrsnetz
- Regionalpolitik umfasst staatliche Aktionen, die die Nachteile bestimmter Regionen aufheben, z. B. Geldprämie für neuen Standort in ländlichen Gebieten
- sektorale Strukturpolitik subventioniert Branchen mit Strukturkrisen, dabei wird in Strukturanpassung (staatliche Maßnahmen zur Erleichterung an eine Strukturanpassung) und Strukturerhaltung (nicht mehr wettbewerbsfähige Branchen werden durch Subventionen am Leben erhalten) unterschieden

1.3   Wirtschaftskreisläufe

Abbildung 8: Unterscheidung der Wirtschaftskreisläufe

Wirtschaftskreisläufe beschreiben und stellen alle Tauschvorgänge (Geld- und Güterströme) zwischen den einzelnen Wirtschaftssubjekten dar. Um die Darstellung dabei übersichtlich zu halten, werden alle Einzelwirtschaften mit ähnlicher wirtschaftlicher Tätigkeit zu Sektoren zusammengefasst (Aggregation). Die einzelnen Geld- und Güterströme sind wertmäßig gleich groß und verlaufen entgegengesetzt zueinander.

einfacher Wirtschaftskreislauf

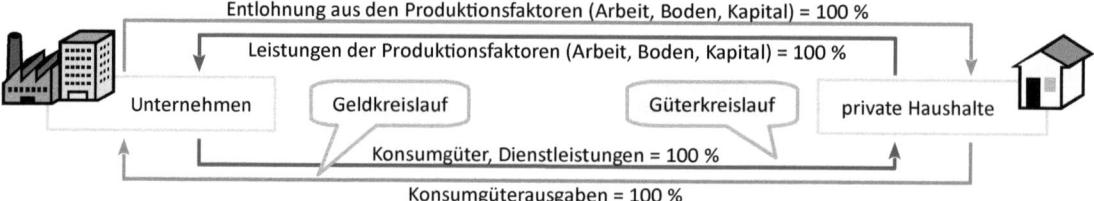

Abbildung 9: einfacher Wirtschaftskreislauf mit 2 Sektoren

Dieses Modell besteht aus den **2 Sektoren Unternehmen** und private Haushalte und stellt eine geschlossene Volkswirtschaft (ohne Ausland) dar. Es finden hier kein Wachstum und keine staatlichen Aktivitäten statt und beschreibt nur die fundamentalen Beziehungen zwischen Unternehmen und Haushalte. Die einzelnen Zu- und Abflüsse der Sektoren entsprechen sich wertmäßig, verlaufen entgegengesetzt und gleichen sich aus. Der Geldstrom besteht aus den Einnahmen und Ausgaben der Unternehmer und Haushalte. Im Güterstrom fließen Wirtschaftsgüter von den Unternehmen zu den Haushalten und die Produktionsfaktoren von den Haushalten zu den Unternehmen.

Geldstrom = Güterstrom = 100 %	*Geld-/Güterstrom sind gleich groß*

erweiterter Wirtschaftskreislauf

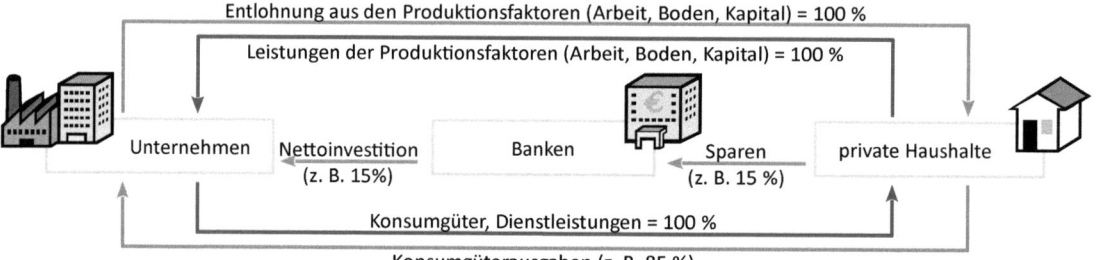

Abbildung 10: erweiterter Wirtschaftskreislauf mit 3 Sektoren

Dieses Modell besteht aus den **3 Sektoren** Unternehmen, private Haushalte und Banken. Der neue Sektor Banken erfasst rechnerisch die Vermögensbildung und -veränderung. Das Modell zeigt die fundamentalen Beziehungen zwischen Unternehmen, Vermögensänderung und Haushalte.

Geldstrom = Güterstrom = 100 %	*Geld-/Güterstrom sind gleich groß*
Geldstrom [%] = Konsumgüterausgaben + Nettoinvestitionen = 100 % *oder* *Konsumgüterausgaben + Sparen = 100 %*	*es gilt dabei:* *Nettoinvestitionen = Sparen*

Investitionsarten	Merkmale
Produktivkapital	alle existierenden Produktionsmittel in einer Volkswirtschaft
Bruttoinvestition	alle Anschaffungen von Produktionsanlagen und Veränderungen der Lagerbestände
Ersatzinvestition	Ersatz von alten Produktionsanlagen zur Erhaltung des bisherigen Produktionsumfangs (Produktionsumfang wird dabei nicht erhöht)
Nettoinvestition	Produktivkapitalerhöhung, wenn die Bruttoinvestitionen größer als die Ersatzinvestitionen sind (entspricht einer Vergrößerung des Produktionsumfangs) ergibt sich aus Bruttoinvestition abzüglich Ersatzinvestition

Tabelle 4: Arten der Investitionen

vollständiger Wirtschaftskreislauf

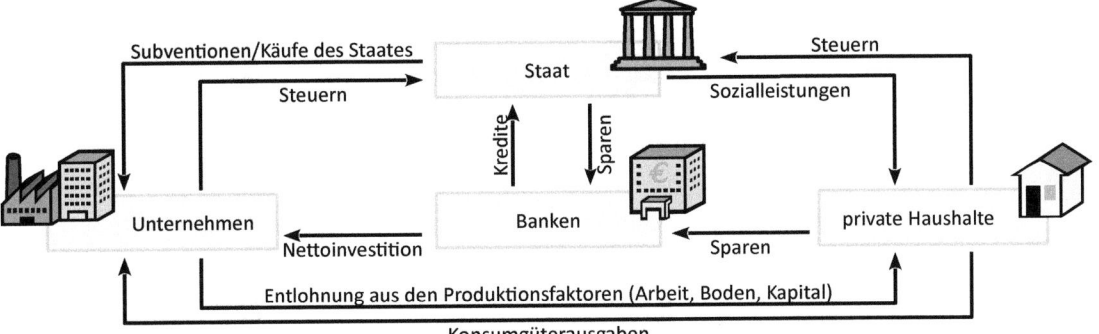

Abbildung 11: vollständiger Wirtschaftskreislauf mit 4 Sektoren (dargestellt sind nur die Geldströme)

Dieses Modell besteht aus den 4 Sektoren Unternehmen, private Haushalte, Banken und Staat. Der neue Sektor Staat hat mehrere Auswirkungen auf den Wirtschaftskreislauf: Er erzielt Einnahmen durch Steuern und Sozialabgaben von den Wirtschaftssubjekten und zahlt Gelder (Ausgaben) an die Haushalte (Transferzahlungen, Löhne) und Unternehmen (Subventionen) und erstellt öffentliche Güter. Durch staatliche Kreditaufnahmen kann das Gleichgewicht wiederhergestellt werden, wenn mehr gespart als investiert wird.

offener Wirtschaftskreislauf

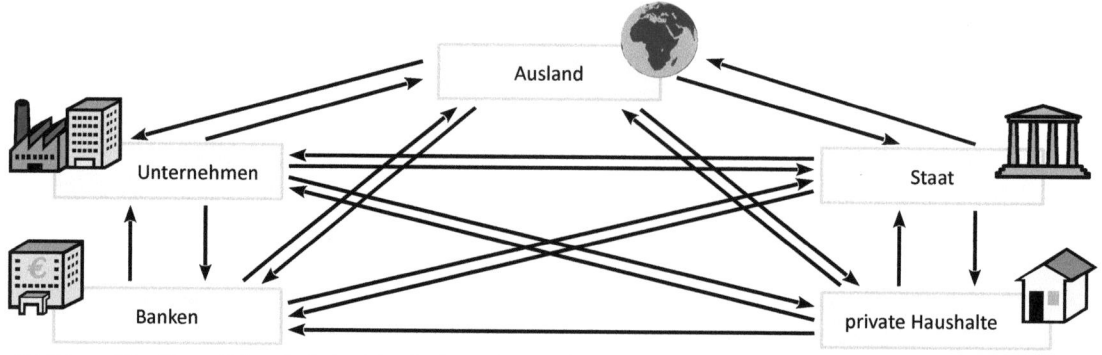

Abbildung 12: offener Wirtschaftskreislauf mit 5 Sektoren (dargestellt sind nur die Geldströme)

Dieses Modell besteht aus den **5 Sektoren** Unternehmen, private Haushalte, Banken, Staat und Ausland und stellt eine offene Volkswirtschaft dar. Dieses Modell zeigt die tatsächliche Abbildung einer Volkswirtschaft.

Der neue Sektor **Ausland** kann ebenfalls auf alle anderen Wirtschaftssektoren einwirken. Er erzielt Einnahmen, wenn die einzelnen Sektoren Kapital ins Ausland überweisen und Ausgaben, wenn die Sektoren Überweisungen aus dem Ausland erhalten. Werden Güter ins Ausland verschickt, nennt man das **Exporte**, werden Güter aus dem Ausland empfangen, sind das **Importe**.

Der **Außenbeitrag** ist die Differenz von Exporten und Importen einer Volkswirtschaft.

• Bei einem positiven Außenbeitrag gab es mehr Exporte als Importe.
• Bei einem negativen Außenbeitrag gab es mehr Importe als Exporte.

1.4 Volkswirtschaftliche Gesamtrechnung

Die volkswirtschaftliche Gesamtrechnung (VGR) erfasst zahlenmäßig alle gesamtwirtschaftlichen Vorgänge in einer Periode und gibt am Ende der Periode Auskunft über:

• Einkommensentstehung, -verteilung und -umverteilung
• Herstellung und Verbrauch der Güter und Leistungen
• Vermögensbildung und Finanzierung

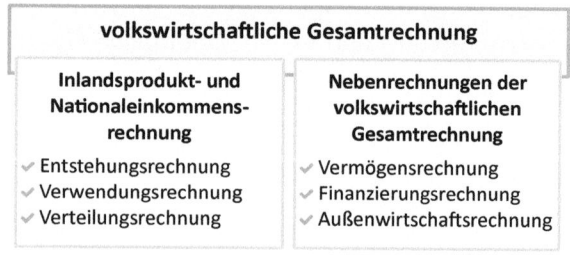

Abbildung 13: volkswirtschaftliche Gesamtrechnung

Sie ermöglicht genaue Angaben der wirtschaftlichen Entwicklung und ist daher die Grundlage für Prognosen. Sie wird meist in Kontenform geführt, bei der alle wirtschaftlichen Vorgänge auf Konten gebucht werden (wie in der Buchhaltung).

Die Berechnung der gesamten volkswirtschaftlichen Leistung erfolgt durch Zusammenfassen der einzelnen Konten. Zusätzlich wird ein Auslandskonto aufgestellt, das die Buchungen für Tätigkeiten mit dem Ausland aufnimmt.

Bruttoinlandsprodukt (BIP)

Gibt an, wie viel in einem Jahr im Inland erwirtschaftet wurde (alles in Deutschland Erwirtschaftete, egal ob von Deutschen oder Ausländern) und zeigt das Potenzial des Wirtschaftsgebietes, d.h. wie viel in diesem Gebiet hergestellt wurde. Das BIP zeigt auch, um wie viel eine Wirtschaft gewachsen ist.

Bruttoinlandsprodukt (BIP)	
nominal	**real**
zu aktuellen Preisen (Marktpreise), d.h. das BIP 2018 wird mit den Preisen von 2018 berechnet (Inflation wird hierbei mit eingerechnet)	*zu Preisen eines gewählten Bezugsjahres, das BIP 2018 wird mit Preisen von 2017 berechnet (Inflation wird hierbei nicht mit eingerechnet)*

Abbildung 14: Unterscheidung des Bruttoinlandsproduktes

Betrachtungsweisen der Sozialproduktberechnung

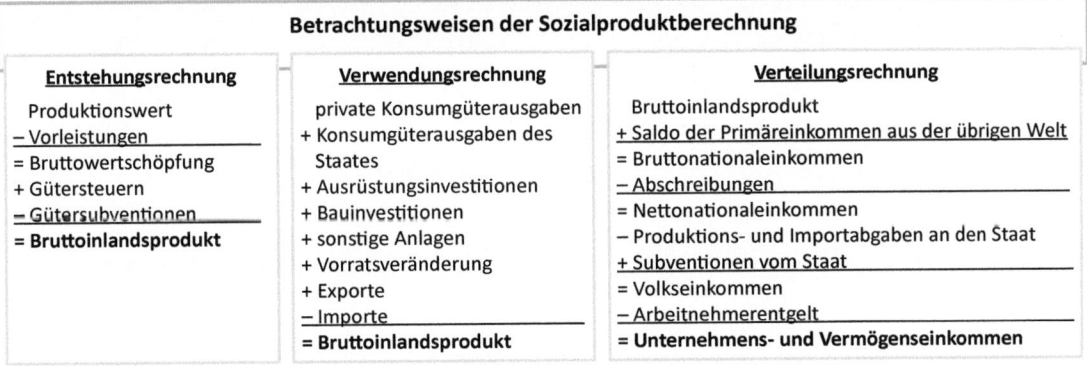

Betrachtungsweisen der Sozialproduktberechnung		
Entstehungsrechnung	**Verwendungsrechnung**	**Verteilungsrechnung**
Produktionswert	private Konsumgüterausgaben	Bruttoinlandsprodukt
– Vorleistungen	+ Konsumgüterausgaben des Staates	+ Saldo der Primäreinkommen aus der übrigen Welt
= Bruttowertschöpfung	+ Ausrüstungsinvestitionen	= Bruttonationaleinkommen
+ Gütersteuern	+ Bauinvestitionen	– Abschreibungen
– Gütersubventionen	+ sonstige Anlagen	= Nettonationaleinkommen
= Bruttoinlandsprodukt	+ Vorratsveränderung	– Produktions- und Importabgaben an den Staat
	+ Exporte	+ Subventionen vom Staat
	– Importe	= Volkseinkommen
	= Bruttoinlandsprodukt	– Arbeitnehmerentgelt
		= Unternehmens- und Vermögenseinkommen

Abbildung 15: Betrachtungsweisen der Sozialproduktberechnung

Bruttonationaleinkommen (BNE; früher: Bruttosozialprodukt)

Gibt an, wie viel in einem Jahr von allen Inländern erwirtschaftet wurde (alles von Deutschen Erwirtschaftete, egal ob sie sich im In- oder Ausland befinden). Es zeigt, welche Einkommen den Inländern zusammengefasst zugekommen sind.

Bruttonationaleinkommen [€] =	zeigt wie viel in einem Jahr von allen Inländern erwirtschaftet wurde
Bruttoinlandsprodukt (BIP) + aus dem Ausland empfangene Einkommen − an das Ausland gezahlte Einkommen	

Einkommensverteilung

Das Volkseinkommen erteilt Auskunft, welche Einkommensarten als Markteinkommen entstanden sind.

funktionale Einkommensverteilung

Sie zeigt, wie viel Einkommen die Produktionsfaktoren (Arbeit, Boden und Kapital) gemäß ihrem Anteil der Wirtschaftsleistung erwirtschaftet haben.

Volkseinkommen	
Arbeitnehmerentgelt	**Einkommen aus Unternehmertätigkeit und Vermögen**
Einkommen des Produktionsfaktors Arbeit	*Einkommen der Produktionsfaktoren Boden und Kapital*

Abbildung 16: Überblick über die Arten des Volkseinkommens

Lohnquote [%] =	*zeigt das Verhältnis der Löhne und Gehälter zum gesamten Volkseinkommen*
$\dfrac{\text{Bruttoeinkommen aus unselbstständiger Arbeit} \cdot 100\,\%}{\text{Volkseinkommen}}$	
Gewinnquote [%] =	*zeigt das Verhältnis der Einkommen aus Unternehmertätigkeit zum gesamten Volkseinkommen*
$\dfrac{\text{Einkommen aus Unternehmertätigkeit und Vermögen} \cdot 100\,\%}{\text{Volkseinkommen}}$	

personelle Einkommensverteilung

Sie gibt die Höhe der Einkommen der jeweiligen Haushalte an. Dabei spielt es keine Rolle, wie das Einkommen entstanden ist (keine funktionale Unterscheidung).

- Die primäre Einkommensverteilung ist das erwirtschaftete Bruttoeinkommen der Haushalte <u>vor</u> der Umverteilung des Staates durch Steuern und Transferzahlungen.
- Die sekundäre Einkommensverteilung ist das tatsächliche Einkommen der Haushalte <u>nach</u> der Umverteilung des Staates durch Steuern und Transferzahlungen.

Lorenz-Kurve

Sie wurde 1905 vom US-amerikanischen Statistiker und Ökonomen Max Otto Lorenz (1876–1959) entwickelt und zeigt die ungleiche Verteilung der Einkommen in einer Gesellschaft. Je mehr die primäre Einkommensverteilung von der Ideallinie der Gleichverteilung abweicht, desto stärker ist die Lorenz-Kurve gekrümmt.

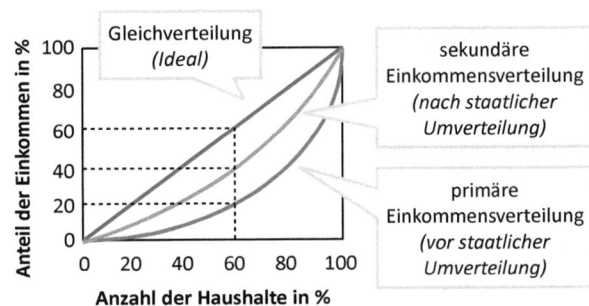

Abbildung 17: grafische Darstellung der Lorenz-Kurve

Ideal wäre, wenn z. B. 60 % der Haushalte auch über 60 % der Einkommen verfügen. In der Realität erzielen aber 60 % der Haushalte beispielsweise nur 20 % der Einkommen. Der Staat versucht durch die Einkommensumverteilung den Verlauf der Lorenz-Kurve abzuflachen und der Gleichverteilung anzupassen. Nach der Umverteilung steht nun diesen 60 % der Haushalte so z. B. 40 % der gesamten Einkommen zur Verfügung.

1.5 Geldversorgung der Wirtschaft

1.5.1 Begriffe der Geldversorgung

Geld

Geld sind alle flüssigen (liquiden) Mittel, die dazu verwendet werden, Güter oder Dienstleistungen zu erwerben. Es hat in einer Volkswirtschaft die Aufgabe des allgemeinen Tauschmittels und Wertmaßstabes. Geld kann nur dann zu Wohlstand führen, wenn es seinen Wert auf Dauer behält.

Geldarten	
Bargeld	**Buchgeld**
alle real existierenden Banknoten (Scheine) und Münzen	*alle Guthaben auf den Bankkonten*

Abbildung 18: Überblick über die Geldarten

Geldmenge

Die Menge an Geld, über die Unternehmen, private Haushalte und der Staat verfügen, um Güter oder Dienstleistungen zu erwerben.

Geldmengen nach der Definition der Europäischen Zentralbank (EZB):

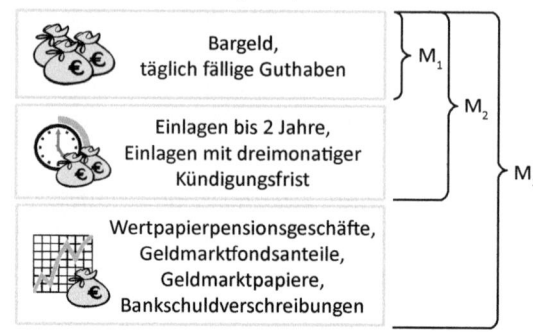

- Die Geldmenge M_1 umfasst alles Bargeld und täglich fällige Guthaben (Girokonto).

- Die Geldmenge M_2 umfasst zusätzlich zu M_1 alle Einlagen bis zu 2 Jahren Laufzeit und Einlagen mit dreimonatiger Kündigungsfrist.

- Die Geldmenge M_3 umfasst zusätzlich zu M_2 alle Wertpapierpensionsgeschäfte, Geldmarktfondsanteile und Geldmarktpapiere sowie Bankschuldverschreibungen.

Abbildung 19: Unterscheidung der Geldmengen

Geldschöpfung

Geldschöpfung	
Bargeldschöpfung (durch Zentralbank)	**Buchgeldschöpfung** (durch Geschäftsbanken)
Vermehrung der Geldmenge durch neues Geld	*vorhandene Geldmenge wird durch neue Kreditvergabe vermehrt*

Abbildung 20: Überblick über die Arten der Geldschöpfung

Bargeldschöpfung (primärer Geldschöpfungsprozess)

Erfolgt durch die Zentralbank, da niemand außer ihr Bargeld beschaffen darf. Sie versorgt die Geschäftsbanken mit Münz-, Noten- und Buchgeld, indem sie Wertpapiere etc. ankauft oder Kredite vergibt. Dadurch wird Geld in den Umlauf gebracht.

Buchgeldschöpfung (sekundärer Geldschöpfungsprozess)

Erfolgt durch die Geschäftsbanken, in dem sie die primär beschaffene Geldmenge durch Kreditvergabe vermehren (multiple Giralgeldschöpfung). Dabei werden die Einlagen der Bankkunden bis auf den Anteil der Mindestreserve dazu verwendet, um neue Kredite an andere Bankkunden zu vergeben. Diese Kredite haben wiederum Einlagen bei anderen Banken zur Folge, die abzüglich der Reserven wieder Kredite vergeben können.

1.5.2   Binnenwert des Geldes

Binnenwert

Bezeichnet die Kaufkraft einer Währung, d.h. sie gibt an, wie viele Güter man für eine bestimme Geldmenge erwerben kann.

Verbraucherpreisindex (VPI)

Er dient zur Feststellung der Veränderung des Preisniveaus und des Geldwertes. Mit dem so genannten »Warenkorb« werden die im Durchschnitt verbrauchte Anzahl von etwa 750 Güter und Leistungen erfasst, die zur Lebenshaltung benötigt werden.

Kaufkraft der Währungseinheit [%] = $\dfrac{\text{Währungseinheit} \cdot 100\%}{\text{Verbraucherpreisindex}}$	*gibt die Kaufkraft einer Währung an*
Konsumsumme [€] = Preis des Warenkorbgutes · monatliche Verbrauchsmenge	*Konsumsumme eines Warenkorb-gutes (wird monatlich erfasst)*
Verbraucherpreisindex [%] = $\dfrac{\text{Konsumsumme der laufenden Periode} \cdot 100\%}{\text{Konsumsumme der Basisperiode}}$	*gibt an, wie sich die Preise des Warenkorbs verändert haben*

- Geldwert steigt, wenn für eine bestimmte Geldmenge mehr Güter gekauft werden können → alles wird billiger (Deflation)
- Geldwert sinkt, wenn für eine bestimmte Geldmenge weniger Güter gekauft werden können → alles wird teurer (Inflation)

Änderungen des binnenwirtschaftlichen Geldwertes

Fischer'sche Verkehrsgleichung (Qualitätsgleichung) = Geldmenge · Preisniveau = Geldmenge · Umlaufgeschwindigkeit	*liefert Anhaltspunkte über die Beziehung zwischen Geld und Gütertransaktionen innerhalb einer Volkswirtschaft*
Preisniveau [%] = $\dfrac{\text{Geldmenge} \cdot \text{Umlaufgeschwindigkeit} \cdot 100\%}{\text{Gütermenge (reales BIP)}}$	*gibt an, wie viele Einheiten einer Währung für eine Einheit des Sozial-produkts bezahlt werden müssen*

- Geldmenge nimmt stärker zu als Gütermenge → Preisniveau steigt und Geldwert sinkt (Inflation)
- Gütermenge nimmt stärker zu als Geldmenge → Preisniveau sinkt und Geldwert steigt (Deflation)

Inflation

Bei einer Inflation steigen allgemein die Preise, weil mehr Geld im Umlauf ist, als dafür Güter zum Erwerben vorhanden sind.

Inflationsrate [%] = $$\frac{\text{Verbraucherpreisindex}_{\text{laufender Monat}} - \text{Verbraucherpreisindex}_{\text{Vorjahresmonat}}}{\text{Verbraucherpreisindex}_{\text{Vorjahresmonat}}} \cdot 100\%$$	*bezeichnet die allgemeine und anhaltende Erhöhung des Preisniveaus*

Ursachen einer Inflation:
- Veränderungen auf der Angebotsseite (Angebotsdruck), da steigende Kosten an die Verbraucher weitergegeben werden
- Veränderungen auf der Nachfrageseite (Nachfragesog), da Verbraucher weniger sparen und mehr kaufen oder Unternehmen verstärkt investieren
- zu große Ausweitung der Geldmenge

Inflationsarten:
- offene Inflation, die Preissteigerung ist erkennbar
- verdeckte Inflation, die Preise bleiben durch staatliche Maßnahmen weitgehend konstant (Preissteigerung ist nicht erkennbar)

Auswirkungen der Inflation:
- Gläubiger sind im Nachteil, da der Wert ihrer Forderungen sinkt
- Schuldner sind im Vorteil, da der Wert ihrer Schulden sinkt
- Wert des Sachvermögens sinkt

Deflation

Bei einer Deflation sinken allgemein die Preise, weil mehr Güter im Umlauf sind, als dafür Geld zum Erwerben vorhanden ist.

Ursachen einer Deflation:
- starker Nachfragerückgang, der zu einem Angebotsüberschuss führt
- zu große Verknappung der Geldmenge

Auswirkungen der Deflation:
- Gläubiger sind im Vorteil, da der Wert ihrer Forderungen steigt
- Schuldner sind im Nachteil, da der Wert ihrer Schulden steigt
- Wert des Sachvermögens steigt

Stagflation

Ein Kunstwort aus Stagnation und Inflation. Es beschreibt einen Zustand in einer Volkswirtschaft, in dem volkswirtschaftliche Stagnation (Stillstand) und Inflation zusammenkommen. Die Volkswirtschaft schafft es während einer Stagflation nicht, die Produktionskapazitäten mehr auszulasten, noch die überhöhte Geldentwertungsrate zu vermindern.

NICHT VERWECHSELN:
Stagflation → Kunstwort aus Stagnation und Inflation
Stagnation → wirtschaftlicher Stillstand

1.6 Markt und Preisbildung

1.6.1 Markt

Auf dem Markt treffen Angebot und Nachfrage aufeinander, um Mittel (Geld, Waren oder Dienstleistungen) auszutauschen.

vollkommener Markt

• ökonomisches Prinzip → Handeln nach der Nutzen- bzw. Gewinnmaximierung

• gleiche Güter, die keine unterschiedlichen Eigenschaften haben

• keine persönlichen, räumlichen und zeitlichen Vorlieben (alles ist überall gleich)

• Markttransparenz → allen Marktteilnehmer stehen immer alle Marktinformationen zur Verfügung

• sofortige Reaktion der Marktteilnehmer (Produzenten, Händler und Nachfrager) auf die neuen Marktbedingungen

unvollkommener Markt

→ trifft ein, sobald ein Merkmal des vollkommenen Marktes nicht mehr zutrifft

Marktformen

Die Anzahl der Marktteilnehmer ergibt die Marktform.

Marktform		
Monopol	**Oligopol**	**Polypol**
es existiert nur **ein** Anbieter bzw. **ein** Nachfrager (Wettbewerb fehlt) ✓ Angebotsmonopol: ein Anbieter versorgt den kompletten Markt ✓ Nachfragemonopol (Monopson): ein Nachfrager hat viele Anbieter ✓ bilaterales Monopol: ein Anbieter hat nur einen Nachfrager	**einige wenige** Anbieter bzw. Nachfrager besitzen größere Marktanteile, deren Verhalten sich auf den Markt auswirken kann ✓ Angebotsoligopol: wenige Anbieter haben viele Nachfrager ✓ Nachfrageoligopol (Oligopson): wenige Nachfrager haben viele Anbieter ✓ bilaterales Oligopol: wenige Anbieter haben wenige Nachfrager	es existieren **viele kleine** Anbieter bzw. Nachfrager, die jedoch keine Bedeutung für das Marktverhalten haben; sie gleichen sich in ihrem Verhalten dem Markt an (Mengenanpasser)

Abbildung 21: Unterscheidung der Marktformen

Funktionen des Wettbewerbs

• Ansporn zu Neuerungen, um konkurrenzfähiger zu sein
• selektiert unwirtschaftliche Anbieter und Nachfrager aus
• fordert die Anbieter auf, sich rasch auf neue Marktbedingungen einzustellen
• kontrolliert das Verhalten auf dem Markt

Marktgleichgewicht

Es befindet sich an der Stelle, an der sich Angebots- und Nachfragekurve kreuzen. Dort ist die angebotene Menge an Güter M_0 genau so groß wie die nachgefragte Menge an Güter M_0, der Gleichgewichtspreis p_0 entsteht. Ist der Markt in einem Ungleichgewicht, weicht der tatsächliche Marktpreis von diesem Gleichgewichtspreis ab.

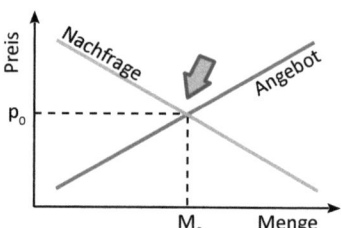

Abbildung 22: Gleichgewichtspreis p_0

1.6.2 Preisbildung

Der Preis wird durch das Angebot und die entsprechende Nachfrage bestimmt.

Preisbildung		
nachfrageorientiert	**kostenorientiert**	**konkurrenzorientiert**
Angebotspreis mit dem Ziel der Gewinnmaximierung richtet sich nach der Nachfrage	Angebotspreis wird durch die entstandenen Selbstkosten plus Gewinnzuschlag bestimmt	Angebotspreis für ein Produkt orientiert sich an dem Preis eines konkurrierenden Anbieters

Abbildung 23: Unterscheidung der Preisbildung

 Siehe auch unter 2.3 Preispolitik auf Seite 58.

Funktionen der Preise:
- Informations- und Signalwirkung über die Knappheit eines Gutes
- stellen einen schnellen Ausgleich zwischen Angebot und Nachfrage her (Koordinationsfunktion)
- knappe Güter werden dort eingesetzt, wo sie den größten Nutzen bringen (Lenkungs- bzw. Allokationsfunktion)

> **Allokationsfunktion**
> *Die Zuordnung und Verteilung der knappen Ressourcen zur Herstellung von Güter. Sie werden so verteilt, dass sie für die Gemeinschaft den größten Nutzen bringen.*

Abhängigkeit des Angebotes vom Angebotspreis (Angebotsfunktion)

Steigt bei einem Produkt der Marktpreis von p_1 auf p_2, veranlasst dies die Anbieter, die Angebotsmenge dieses Produktes von M_1 auf M_2 zu erhöhen. Sinkt dagegen der Marktpreis, so wird das Angebot reduziert. Die Angebotsmenge steigt daher mit steigendem Preis.

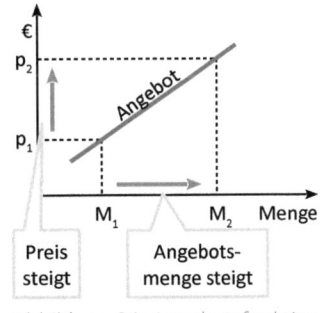

Abbildung 24: Angebotsfunktion

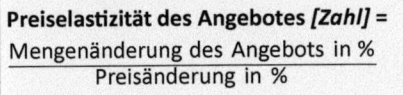

Preiselastizität des Angebotes [Zahl] = $\dfrac{\text{Mengenänderung des Angebots in \%}}{\text{Preisänderung in \%}}$	*zeigt die relative Mengenänderung des Angebots bezogen auf eine relative Preisänderung*

- *Angebotselastizität kleiner (<) 1 → relative Mengenänderung reagiert gering auf relative Preisänderung*
- *Angebotselastizität gleich (=) 1 → relative Mengenänderung entspricht der relativen Preisänderung*
- *Angebotselastizität größer (>) 1 → relative Mengenänderung reagiert stark auf relative Preisänderung*

Abhängigkeit der Nachfrage vom Angebotspreis (Nachfragefunktion)

Fällt bei einem Produkt der Marktpreis von p_1 auf p_2, veranlasst dies die Nachfrager, die Nachfragemenge dieses Produktes von M_1 auf M_2 zu erhöhen. Steigt dagegen der Marktpreis, so wird die Nachfrage reduziert. Die Nachfragemenge steigt daher mit sinkendem Preis.

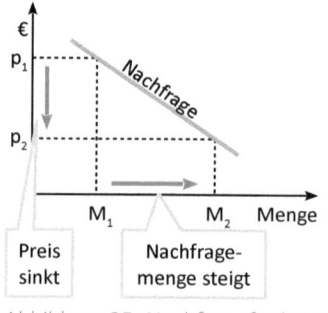

direkte Preiselastizität der Nachfrage [Zahl] = $\dfrac{\text{Mengenänderung des Angebots in \%}}{\text{Preisänderung in \%}}$	*zeigt, um wie viel Prozent sich die Nachfragemenge nach einem Gut ändert, wenn sich dessen Preis um 1 Prozent ändert*

Abbildung 25: Nachfragefunktion

Das Vorzeichen ist in der Regel immer negativ, da eine Preiserhöhung einen Nachfragerückgang auslöst:
- *Preiselastizität der Nachfrage kleiner (<) 1 → unelastische Nachfragereaktion: Preisänderung löst eine geringe Nachfrageänderung aus (keine Substitutionsgüter oder bei dringend benötigten Gütern)*
- *Preiselastizität der Nachfrage größer (>) 1 → elastische Nachfragereaktion: Preisänderung löst eine überproportionale Nachfrageänderung aus (bei Substitutionsgüter oder nicht dringend benötigten Gütern)*

Abhängigkeit der Nachfrage vom Preis anderer Güter

- Güter, die nur mit einem anderen Gut verwendet werden können, werden komplementäre Güter oder ergänzende Güter genannt. Steigt z. B. der Preis für Tinte, so geht die Nachfrage sowohl nach Tinte als auch nach Drucker zurück (Linksverschiebung der Nachfragekurve).

indirekte Preiselastizität$_A$ [Zahl] = $\dfrac{\text{prozentuale Änderung der Nachfragemenge für Gut A}}{\text{prozentuale Preisänderung für Gut B}}$

- Güter, die gegeneinander austauschbar sind, ohne große Abstriche hinnehmen zu müssen, werden substitutive Güter, alternative Güter oder Ersatzgüter genannt. Steigt z. B. der Preis für Butter, so geht dessen Nachfrage zurück, während bei einem Substitutionsgut (beispielsweise Margarine) ein Nachfrageanstieg zu bemerken ist (Rechtsverschiebung der Nachfragekurve bei dem Substitutionsgut).

Abhängigkeit der Nachfrage vom Einkommen

Mit steigendem Einkommen nimmt in der Regel die Summe des Konsums zu.

Einkommenselastizität der Nachfrage [Zahl] = $\dfrac{\text{Nachfrageänderung in \%}}{\text{Einkommensänderung in \%}}$	*gibt an, wie stark sich die Nachfragemenge eines Gutes ändert, wenn sich das Einkommen um 1 Prozent ändert*

1.6.3 Staatliche Eingriffe

Der Staat greift in bestimmten Situationen in die Wirtschaft ein, um Wirtschaftsteilnehmer zu schützen.

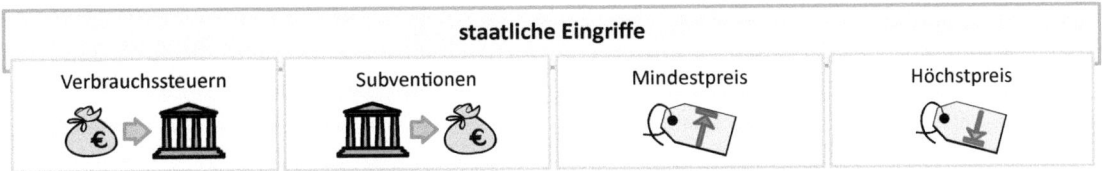

Abbildung 26: Unterscheidung der staatlichen Eingriffe

- Der Staat beeinflusst durch Verbrauchssteuern den Marktpreis eines Gutes, der sich dadurch erhöht. So kann das Verbraucherverhalten bewusst gesteuert werden.

- Subventionen sind Geldleistungen des Staates. Die Anbieter können Güter zu einem niedrigeren Preis verkaufen, als die Herstellung verursacht hat. Dies ist jedoch schädlich, da die Preisfunktionen ausgeschaltet werden. Die Nachfrager bekommen zusätzliche finanzielle Mittel, um sich bestimmte Güter zu kaufen. Durch diese künstlich erhöhte Nachfrage soll eine Ausweitung des Angebotes erreicht werden.

- Der Staat schreibt den niedrigsten Preis für ein Gut vor, der oberhalb dem Gleichgewichtspreis p_0 liegt (Gut wird teurer verkauft). Dieser Mindestpreis (p_M) dient dem Schutz der Anbieter durch eine Einkommensstabilisierung. So wird eine Erhöhung des Angebotes auf die Angebotsmenge M_2 bewirkt, die aber nur der Nachfragemenge M_1 gegenübersteht (Angebotsüberhang). Die Differenz zwischen p_0 und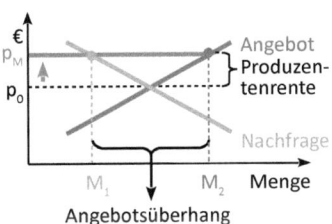

Abbildung 27: Mindestpreis

p_M wird Produzentenrente genannt (der Produzent bekommt aufgrund der Marktverhältnisse mehr als der Marktpreis).

- Der Staat schreibt den höchsten Preis für ein Gut vor, der unterhalb dem Gleichgewichtspreis p_0 liegt (Gut wird billiger verkauft). Dieser Höchstpreis (p_H) dient dem Schutz der Nachfrager durch eine Subvention der Anbieter, damit das Angebot überhaupt möglich ist. So wird eine Reduzierung des Angebotes auf die Angebotsmenge M_1 bewirkt, die der hohen Nachfragemenge M_2 gegenübersteht (Nachfrageüberhang). Die Differenz zwischen p_0 und p_H wird Konsumentenrente genannt (der Konsument muss aufgrund der Marktverhältnisse weniger bezahlen als der Marktpreis).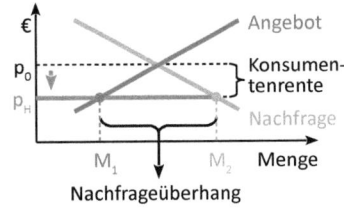

Abbildung 28: Höchstpreis

1.6.4 Privatwirtschaftliche Eingriffe

Einzelne private Unternehmen greifen in bestimmten Situationen in die Wirtschaft ein, um eine bessere Wettbewerbsfähigkeit zu erhalten.

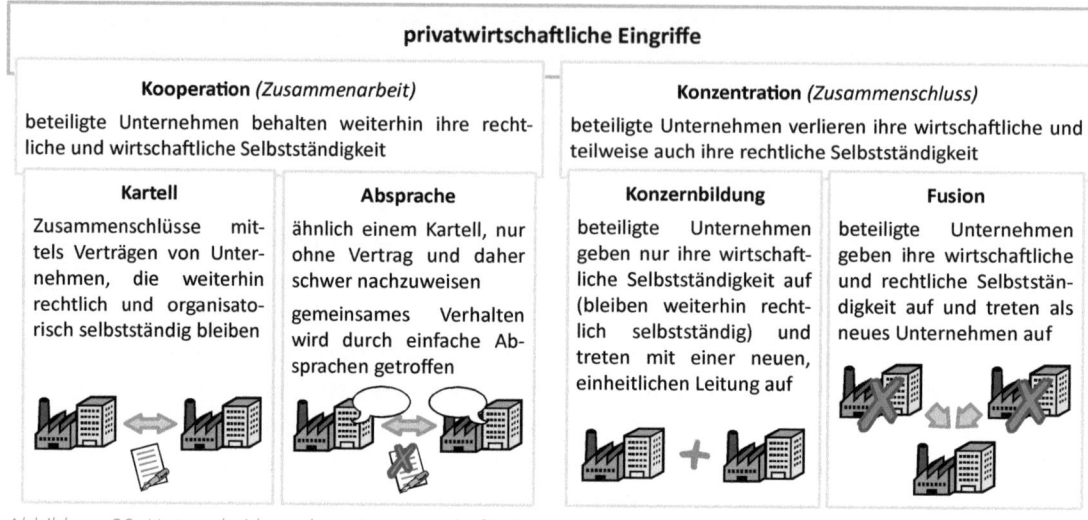

Abbildung 29: Unterscheidung der privatwirtschaftlichen Eingriffe

Mögliche Gründe für Zusammenschlüsse mehrerer Unternehmen:
- ausbauen der Wettbewerbsfähigkeit und Marktanteile
- bündeln von Kapazitäten, z. B. gemeinsame Entwicklung (Synergien)
- erhöhen des Gewinns
- steigern der Produktivität und der Wirtschaftlichkeit

Arten von Zusammenschlüssen:
- bei einem horizontalen Zusammenschluss werden identische Produktionsstufen innerhalb der gleichen Branche zusammengeführt (Hersteller für Damenbekleidung stellt jetzt auch Herrenbekleidung her)
- bei einem vertikalen Zusammenschluss werden vorgelagerte Produktionsstufen (Stahlwerk kauft Erzgrube) oder nachgelagerte Produktionsstufen (Produktionsbetrieb eröffnet eigene Verkaufsfilialen) zusammengeführt
- bei einem diagonalen (konglomeraten) Zusammenschluss werden verschiedene Produktionsstufen in unterschiedlichen Branchen zusammengeführt (Textilunternehmen stellt jetzt auch Lebensmittel her)

  Siehe auch unter 2.1.3 Diversifikationsstrategie auf Seite 53.

1.7 Konjunktur- und Wirtschaftspolitik

1.7.1 Konjunktur

Als Konjunktur wird die wirtschaftliche Situation und Entwicklungsphase einer Volkswirtschaft bezeichnet. Schwankungen in den Bereichen Beschäftigung, Preise, Produktion und Zinssätze führen zu Schwankungen in der gesamten Volkswirtschaft.

Wirtschaftliche Schwankungen

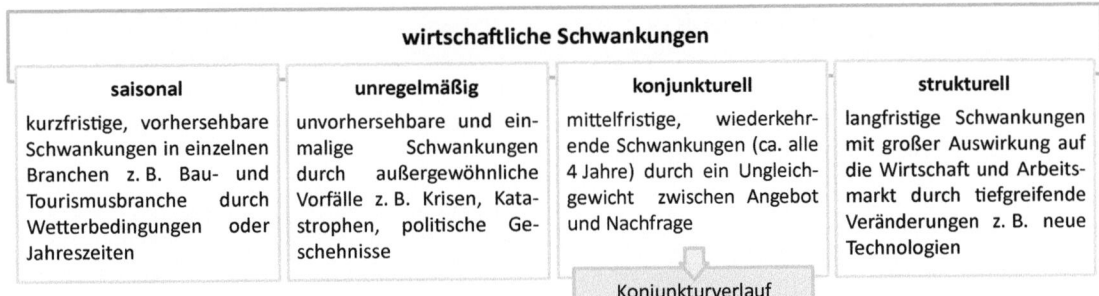

wirtschaftliche Schwankungen			
saisonal	**unregelmäßig**	**konjunkturell**	**strukturell**
kurzfristige, vorhersehbare Schwankungen in einzelnen Branchen z. B. Bau- und Tourismusbranche durch Wetterbedingungen oder Jahreszeiten	unvorhersehbare und einmalige Schwankungen durch außergewöhnliche Vorfälle z. B. Krisen, Katastrophen, politische Geschehnisse	mittelfristige, wiederkehrende Schwankungen (ca. alle 4 Jahre) durch ein Ungleichgewicht zwischen Angebot und Nachfrage	langfristige Schwankungen mit großer Auswirkung auf die Wirtschaft und Arbeitsmarkt durch tiefgreifende Veränderungen z. B. neue Technologien

Konjunkturverlauf

Abbildung 30: Unterscheidung der wirtschaftlichen Schwankungen

Konjunkturverlauf

Der Konjunkturverlauf besteht aus den 4 aufeinander folgenden Phasen Aufschwung (Expansion), Hochkonjunktur (Boom), Abschwung (Rezession) und Konjunkturtief (Depression). Diese Phasen sind wiederkehrende Schwankungen, die sich jeweils über mehrere Jahre erstrecken.

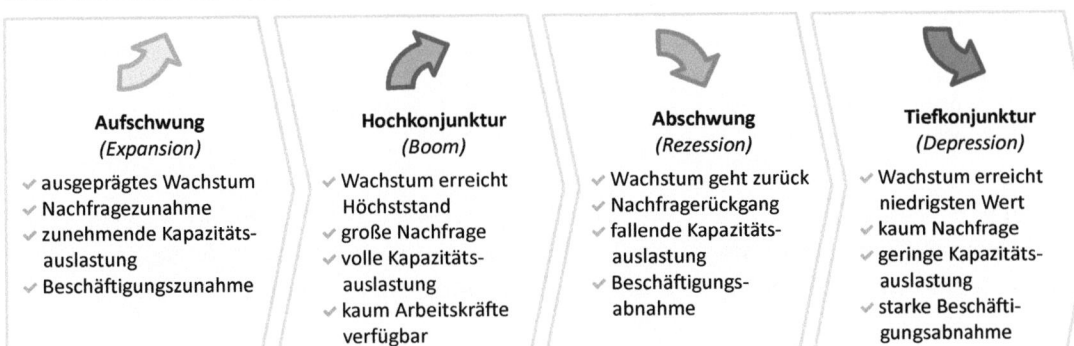

Aufschwung
(Expansion)
- ausgeprägtes Wachstum
- Nachfragezunahme
- zunehmende Kapazitätsauslastung
- Beschäftigungszunahme

Hochkonjunktur
(Boom)
- Wachstum erreicht Höchststand
- große Nachfrage
- volle Kapazitätsauslastung
- kaum Arbeitskräfte verfügbar

Abschwung
(Rezession)
- Wachstum geht zurück
- Nachfragerückgang
- fallende Kapazitätsauslastung
- Beschäftigungsabnahme

Tiefkonjunktur
(Depression)
- Wachstum erreicht niedrigsten Wert
- kaum Nachfrage
- geringe Kapazitätsauslastung
- starke Beschäftigungsabnahme

Abbildung 31: Phasen der Konjunktur mit ihren typischen Merkmalen

1.7.2 Fiskalpolitik

Fiskalpolitik ist die absichtliche Anpassung der Staatsausgaben bzw. -einnahmen, um den Konjunkturverlauf zu beeinflussen und die Schwankungen zu minimieren. Dies wird durch eine antizyklische (gegenläufige) Finanzwirtschaft erreicht:

• in der Tiefkonjunktur (Depression) sollte der Staat seine Ausgaben erhöhen
  (z. B. vermehrt staatliche Bauaufträge ausführen, verstärkt Schulden abbezahlen)
• in der Hochkonjunktur (Boom) sollte der Staat seine Ausgaben einschränken (z. B. staatliche Bauaufträge zurückhalten, weniger stark Schulden abbezahlen)

1.7.3 Prozess-/Stabilitätspolitik

Sie soll sich so auf den Konjunktur- und Wachstumsprozess der Wirtschaft auswirken, dass die wiederkehrenden Schwankungen nicht übermäßig groß werden. Die Ziele werden im magischen Viereck bzw. Sechseck definiert.

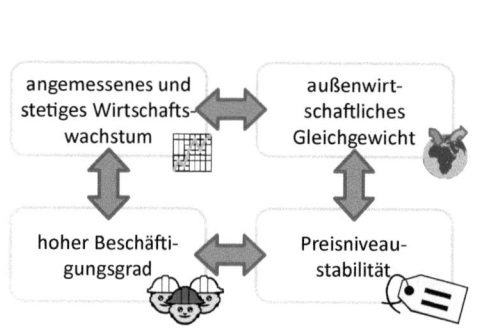

Abbildung 32: »magisches Viereck«

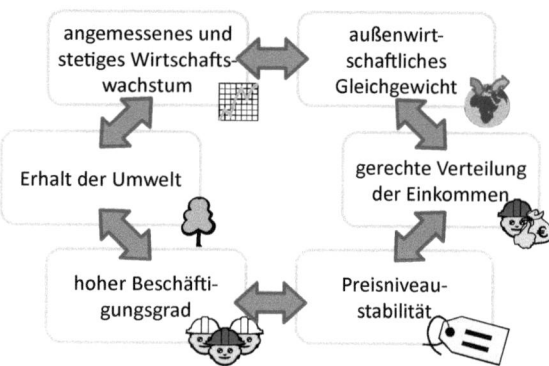

Abbildung 33: »magisches Sechseck«

Magisches Viereck/Sechseck
Es können nicht alle Ziele gleichzeitig erreicht werden, da zwischen den einzelnen Zielen verschiedene Zielkonflikte auftreten. Es ist nicht möglich, alle Ziele zu erreichen. Das Erreichen eines Zieles führt auto-matisch zu Abstrichen bei der Erreichung eines anderen Zieles. Es muss daher individuell eine optimale Lösung gesucht werden.

• Bei einem angemessenen und stetigen Wirtschaftswachstum wird in einer Periode mehr produziert als in der Vergleichsperiode. Das Wachstum sollte dabei stetig ohne große Schwankungen und angemessen sein, um die anderen Ziele des Stabilitätsgesetzes zu erreichen.

- Das außenwirtschaftliche Gleichgewicht gilt dann als erreicht, wenn die Menge der Exporte (an das Ausland abgegebene Leistungen) und die Menge der Importe (vom Ausland empfangene Leistungen) in etwa gleich groß sind.

- Der hohe Beschäftigungsstand (Vollbeschäftigung) ist erreicht, wenn alle Personen, die arbeiten können, eine zumutbare Erwerbstätigkeit ausüben. Die Arbeitslosenquote sollte dann unter 2 % liegen.

- Die Preisniveaustabilität ist erfüllt, wenn die Inflationsrate so minimal gehalten werden kann (unter 2 %), damit das Geld wertstabil bleibt.

- Das Wirtschaftswachstum darf nicht zu Lasten der Umwelt geschehen, daher ist die Erhaltung der Umwelt ein wichtiges Ziel.

- Die Einkommen sollen gerecht verteilt werden:
  - Bei einer <u>absolut gleichen</u> Einkommensverteilung werden alle Einkommensunterschiede durch entsprechende Besteuerung und Sozialleistungen ausgeglichen.
  - Bei einer <u>bedarfsgerechten</u> Einkommensverteilung bekommt derjenige Unterstützungszahlungen, welcher nicht in der Lage ist, ein bestimmtes Einkommen zu erzielen.
  - Bei einer <u>leistungsgerechten</u> Einkommensverteilung bleiben die Einkommensunterschiede erhalten.

1.8 Europäische Union

Die Europäische Union (EU) ist ein Bündnis aus aktuell <u>28 europäischen Staaten</u>: Belgien, Bulgarien, Dänemark, Deutschland, (Großbritannien bis 2020), Estland, Finnland, Frankreich, Griechenland, Irland, Italien, Kroatien, Lettland, Litauen, Luxemburg, Malta, Niederlande, Österreich, Polen, Portugal, Rumänien, Schweden, Slowakei, Slowenien, Spanien, Tschechien, Ungarn und Zypern. Die einzelnen Mitgliedstaaten bleiben unabhängige, eigenständige Nationen. Sie legen nur ihre Hoheitsrechte (Befugnisse, die ein Staat hat) zusammen, um dadurch Stärke und Einfluss zu bekommen.

1.8.1 Politische Ziele und Aufgaben

Im Maastrichter Vertrag (1993) wurden zwei wichtige Ziele und Aufgaben formuliert:

✓ gemeinsame Außen- und Sicherheitspolitik
✓ gemeinsame Innen- und Rechtspolitik

Säulenmodell der Europäischen Union		
Europäische Gemeinschaft	**Gemeinsame Außen- und Sicherheitspolitik**	**Innen- und Justizpolitik**
✓ Agrarpolitik ✓ Binnenmarkt ✓ Gesundheitswesen ✓ Industrie- und Handelspolitik ✓ Umweltpolitik ✓ Verbraucherschutz ✓ Wettbewerbspolitik ✓ Zollunion	✓ Friedenspolitik ✓ gemeinsame Standpunkte und Aktionen ✓ Hilfe für Drittstaaten ✓ Konsultation und Abstimmung unter den Mitgliedstaaten ✓ Koordination in internationalen Organisationen	✓ Asylpolitik ✓ Einwanderungspolitik ✓ Europol (Europäisches Polizeiamt) ✓ Grenzkontrolle ✓ Kampf gegen internationale Kriminalität ✓ Zusammenarbeit der Justiz ✓ Zusammenarbeit im Zollwesen

Abbildung 34: Säulenmodell der Europäischen Union

1.8.2 Wettbewerbspolitik

Um einen Wirtschaftsraum ohne Grenzen zu schaffen, werden bestimmte Freiheiten im Wirtschaftsleben benötigt:

Europäischer Binnenmarkt »Wirtschaftsraum ohne Grenzen«			
freier Warenverkehr *(Warenverkehrsfreiheit)*	**freier Personenverkehr** *(Personenfreizügigkeit)*	**freier Dienstleistungsverkehr** *(Dienstleistungsfreiheit)*	**freier Kapital- und Zahlungsverkehr**
soll einen grenzüberschreitenden Warenverkehr innerhalb der Mitgliedstaaten gewährleisten und somit eine Benachteiligung von anderen Mitgliedstaaten verhindern	ermöglicht es, in einem anderen Land als dem Heimatland zu wohnen und zu arbeiten durch den Abbau von Personenkontrollen sowie Gewährung der Arbeitnehmerfreizügigkeit und des freien Aufenthalts-/ Niederlassungsrechtes	ermöglicht den Anbietern von Dienstleistungen aller Art den freien Zugang zu den Dienstleistungsmärkten innerhalb der Mitgliedstaaten	erlaubt den Transfer von Geld und Wertpapieren in beliebiger Höhe zwischen den einzelnen Mitgliedstaaten

 ✓ keine Benachteiligung beim Marktzugang
✓ offener Markt

Abbildung 35: Rechte und die dazugehörigen Voraussetzungen im freien Binnenmarkt

Mögliche Chancen durch den Binnenmarkt:
✓ besseres, preisgünstiges und gemischtes Güterangebot durch mehr Wettbewerb
✓ gleichbleibendes Preisniveau durch mehr Wettbewerb und sinkenden Produktionskosten
✓ keine Kosten und Wartezeiten aufgrund von Grenzkontrollen

1.8.3 Konvergenzkriterien

Es dürfen nur Staaten an der europäischen Wirtschafts- und Währungsunion (EWWU) mitmachen, deren Wirtschafts- und Finanzpolitik nachweisbar stabil ist:

- Inflationsrate nicht höher als 1,5 Prozentpunkte der drei preisstabilsten EU-Staaten
- langfristige Zinssätze maximal 2 Prozentpunkte über dem entsprechenden Zinssatz der drei preisstabilsten EU-Staaten
- Nettoneuverschuldung maximal 3 % des BIP
- Staatsschuldenstand maximal 60 % des BIP
- nationale Währung darf 2 Jahre lang nur in einer bestimmten Bandbreite vom Eurokurs abweichen (Wechselkursmechanismus)

1.8.4 Organe der Europäischen Union

Organe der Europäischen Union						
Europä- ischer Rat *(Regierungs- chefs)*	Rat der Euro- päischen Union *(Ministerrat)*	Europäisches Parlament *(Legislative/ Gesetzgeber)*	Europäische Kommission *(Exekutive/ Regierung)*	Europäische Zentralbank *(Bank der EU)*	Europäischer Gerichtshof *(oberstes Ge- richt der EU)*	Europäischer Rechnungshof *(Kontrolle der Finanzen)*

Abbildung 36: Überblick über die Organe der Europäischen Union

Europäischer Rat (Regierungschefs)

Er besteht aus den 28 Staats- und Regierungschefs der EU-Staaten, zuzüglich dem Präsidenten der Kommission und dem Präsidenten des Europäischen Rates, die sich viermal im Jahr in Brüssel treffen.

Aufgaben des Europäischen Rates:
- behandelt alle umfangreichen und wichtigen Themen, die die zwischenstaatliche Zusammenarbeit der einzelnen Mitgliedstaaten betreffen
- schließt Kompromisse zwischen den Mitgliedstaaten
- legt die allgemeinen politischen Ziele der Europäischen Union fest
- setzt neue Impulse zur Weiterentwicklung

Rat der Europäischen Union (Ministerrat)

Wird oft nur als „Rat" bezeichnet und besteht aus allen nationalen Ministern der Mitgliedstaaten. Er hat keine feste Mitgliederanzahl, da zu jeder Sitzung (finden in Brüssel oder Luxemburg statt) nur die Minister der EU-Mitgliedstaaten erscheinen, die für diesen Bereich zuständig sind.

Die Anzahl der Stimmen pro Staat richtet sich nach dessen Einwohnerzahl (3 bis 29 Stimmen), insgesamt haben alle Staaten zusammen 352 Stimmen. Neue Beschlüsse werden mit der qualifizierten Mehrheit bestimmt (Mehrheit der EU-Staaten muss zustimmen oder mindestens 260 der 352 Stimmen), bei weitreichenden Abstimmungen müssen sogar alle EU-Staaten einstimmig dafür sein.

> **doppelte Mehrheit (gilt ab dem Jahr 2017)**
> *Bei einem Beschluss müssen zwei Mehrheiten erfüllt sein: min. 15 EU-Mitgliedstaaten müssen dafür stimmen und in diesen Staaten müssen mindestens 65 % der EU-Bevölkerung leben.*

ACHTUNG VERWECHSLUNGSGEFAHR:
*Nicht zu verwechseln mit dem **Europäischen Rat**, der sich aus allen Staats- und Regierungschefs der Mitgliedstaaten zusammensetzt.*

Aufgaben des Rates der Europäischen Union:
- die jeweiligen Minister der einzelnen Mitgliedstaaten müssen die gemeinsam beschlossene Wirtschaftspolitik in ihren Staaten umsetzen
- erleichtert die Zusammenarbeit zwischen den nationalen Gerichten der Mitgliedstaaten (wichtige Gerichtsurteile aus einem EU-Staat sollten auch in den anderen EU-Staaten anerkannt und gültig werden)
- gemeinsam mit dem Europäischen Parlament werden neue Rechtsvorschriften oder Gesetze verabschiedet und über neue politische Strategien diskutiert
- gemeinsam mit dem Europäischen Parlament wird der Haushaltsplan genehmigt
- trifft verschiedene Vereinbarungen zwischen der EU und anderen Staaten, z. B. Einfuhrbestimmungen im Handel oder Umweltthemen

Europäisches Parlament (Legislative/Gesetzgeber)

Es ist gemeinsam mit dem Rat der Europäischen Union die gesetzgebende Gewalt der EU und befindet sich in Brüssel, Luxemburg und Straßburg. Die Mitglieder des Europäischen Parlamentes (Abgeordnete) werden alle 5 Jahre direkt von den EU-Bürgern der Mitgliedstaaten gewählt, die sie auch im Parlament vertreten.

Die Anzahl der Abgeordneten pro Staat richtet sich nach dessen Einwohnerzahl (min. 6, max. 99 Abgeordnete). Die aktuell (Stand 2018) 751 Mitglieder des Parlaments sind nach Fraktionen (Interessengruppen) und nicht nach Staatsangehörigkeiten gruppiert.

Aufgaben des Europäischen Parlamentes:
- gemeinsam mit dem Rat der Europäischen Union werden neue EU-Rechtsvorschriften entworfen, bereits bestehende verändert und an neue Bedingungen angepasst; diese werden im Parlament vorgestellt und mit der Mehrheit verabschiedet
- gemeinsam mit dem Rat der Europäischen Union wird über den Haushalt der EU entschieden; die Europäische Kommission entwirft den Haushaltsplan, Europäisches Parlament und Europäischer Rat prüfen die Punkte und können diese bei Bedarf ändern
- kann per Misstrauensantrag die Europäische Kommission zum Zurücktreten auffordern
- Kontrolle der Arbeitsweise der anderen EU-Organe
- Zustimmung bei einer Neubildung der Europäischen Kommission
- Zustimmung bei wichtigen Fragen, z. B. neuer Staatenbeitritt

Europäische Kommission (Exekutive/Regierung)

Sie ist die Regierung der EU mit Hauptsitzen in Brüssel und Luxemburg sowie Vertretungen (Nebenstellen) in allen EU-Mitgliedstaaten. Die Kommission besteht aus 28 Kommissaren (je einer pro Mitgliedstaat), die vom Europäischen Parlament bestimmt werden und die Kommission jeweils für fünf Jahre leiten.

Aufgaben der Europäischen Kommission:
- erarbeitet Vorschläge für neue Rechtsvorschriften, die die EU und die Bürger schützen sollen; Vorschläge werden dem Europäischen Rat und dem Europäischen Parlament vorgelegt und diese prüfen sie erneut, bevor sie von beiden verabschiedet werden
- Festlegung über den jährlichen Haushaltsplan (der Europäische Rat und das Europäische Parlament müssen nach einer Prüfung zustimmen)
- handelt stellvertretend im Namen aller Mitgliedstaaten und schließt z. B. Verträge mit internationalen Organisationen ab oder bildet Hilfspartnerschaften
- Kontrolle, ob die einzelnen Mitgliedstaaten das EU-Recht anwenden und befolgen

Europäische Zentralbank (EZB)

Sie hat ihren Sitz in Frankfurt/Main und besitzt alle geld- und währungspolitischen Kompetenzen, ist politisch unabhängig und kann ihre Instrumente selbst einsetzen.

Ziele der Geldpolitik der EZB:
- ✓ Gewährleistung der Preisstabilität (Inflationsrate unter 2 %)
- ✓ Beeinflussung der Geldmengenentwicklung

Geldpolitische Instrumente der EZB:
- Bei der Offenmarktpolitik verkauft die EZB den Geschäftsbanken Offenmarktpapiere (festverzinsliche Wertpapiere). Sie tritt so als Nachfrager auf und entzieht den Banken Liquidität (7-tägige Wertpapierpensionsgeschäfte), die Geldmenge sinkt. Verkaufen die Banken die Wertpapiere wieder, erhalten sie dafür von der EZB Zentralbankgeld, das sie wieder für die Kreditvergabe nutzen können, die Geldmenge steigt. Das Volumen wird von der EZB festgelegt und der Betrag als Mengentender (mit vorgegebenem Leitzins) oder Zinstender (mittels Festlegung eines Mindestbietungssatzes) angeboten.

  Erhöht die EZB den Leitzins für die Wertpapierpensionsgeschäfte (Hauptrefinanzierungssatz), wird die Geldbeschaffung für die Banken teurer. Dadurch steigt das Zinsniveau, die Nachfrage nach Krediten lässt nach und reduziert so die Investitionen.

- Über die ständigen Fazilitäten können Banken zusätzlich bis zum nächsten Tag (Übernachtliquidität) beliebig viele Tageskredite aufnehmen (Spitzenfinanzierungsfazilität) oder freie Geldmittel bei der EZB anlegen (Einlagenfazilität).

- Durch die Mindestreservepolitik müssen die Geschäftsbanken einen geringen Teil (ca. 2 %) ihrer Einlagen auf Konten der EZB führen. So entsteht genügend Nachfrage nach Zentralbankgeld.

Europäischer Gerichtshof (EuGH)

Der Europäische Gerichtshof ist das oberste Gericht der EU mit Sitz in Luxemburg. Er besteht aus 28 neutralen Richtern (je einer pro Mitgliedstaat) und 8 Generalanwälte, die sich mit allen Rechtssachen der EU befassen.

Aufgaben des Europäischen Gerichtshofes:
- behandelt Nichtigkeitsklagen von Mitgliedstaaten, Rat der Kommission oder Privatpersonen, wenn diese der Meinung sind, dass eine bestimmte Handlung (Rechtsakt) gegen

die Grundrechte der EU verstößt; nach einer Prüfung kann er diesen löschen und für nichtig erklären
- behandelt Untätigkeitsklagen, wenn Mitgliedstaaten der Meinung sind, dass das Parlament, Rat und Kommission in bestimmten Situationen keine Entscheidung gefällt haben (untätig waren)
- bestimmt das Recht in der EU und sorgt dafür, dass es in allen Mitgliedstaaten ordnungsgemäß angewendet wird
- entscheidet bei Rechtsstreitigkeiten zwischen den Regierungen der Mitgliedstaaten und den EU-Organen, wenn deren Rechte verletzt wurden
- prüft Vertragsverletzungsklagen; kann ein Verfahren gegen den Mitgliedstaat einleiten und ein Urteil fällen (meist eine hohe Geldstrafe)
- unternimmt Vorabentscheidungsersuchen, wenn eine neue Rechtsvorschrift entwickelt wird, da jeder Mitgliedstaat sie anders sieht und auslegt

Europäischer Rechnungshof (EuRH)

Er verwaltet das Geld der EU (Stand 2018: 160,1 Mrd. €), hat seinen Sitz in Luxemburg und setzt sich aus einem Mitglied je EU-Staat (werden vom Rat ernannt) zuzüglich einem Präsidenten und weiteren Bediensteten zusammen. Der Rechnungshof ist von allen anderen Organen unabhängig und darf keine Anweisungen über sein Tun annehmen.

Haushalt der Europäischen Union	
Einnahmen	**Ausgaben** *(Haushaltsjahr 2018)*
✓ Beiträge der Mitgliedstaaten	✓ Intelligentes und integratives Wachstum 77,534 Mrd. €
✓ Zölle auf Waren aus Nicht-EU-Ländern und Zuckerabgaben	✓ nachhaltiges Wachstum: natürliche Ressourcen 59,285 Mrd. €
✓ Mehrwertsteuer	✓ Sicherheit und Unionsbürgerschaft 3,493 Mrd. €
✓ sonstige Einnahmen (Bankzinsen, Beiträge von Drittländern zu bestimmten EU-Programmen)	✓ Europa in der Welt 9,569 Mrd. €
	✓ Verwaltung 9,666 Mrd. €
	✓ sonstige Instrumente 0,567 Mrd. €
gesamt 160,114 Mrd. €	**gesamt** 160,114 Mrd. €

Abbildung 37: Haushalt der Europäischen Union

Aufgaben des Europäischen Rechnungshofes:
- führt verschiedene Kontrollen durch, ob z. B. die anderen Organe oder Mitgliedstaaten das erhaltene Geld sinngemäß verwenden (muss sich bei Betrugsfällen an OLAF (Office Européen de Lutte Anti-Fraude = Europäisches Amt für Betrugsbekämpfung) wenden)
- überwacht den Haushalt der EU und erstellt daraus einen Bericht, den er jährlich dem Europäischen Parlament und dem Europäischen Rat vorlegen muss

1.9 Rechtsform- und Standortwahl

1.9.1 Rechtsformen der Unternehmen

Die Rechtsform entscheidet über die juristischen Rahmenbedingungen eines Unternehmens. Sie hat großen Einfluss auf die Haftung und das Recht zur Geschäftsführung. Auch Bestimmungen hinsichtlich des Grundkapitals sind verschieden.

Abbildung 38: Überblick über die Rechtsformen der Unternehmen

Überblick und Merkmale der wichtigsten Rechtsformen

	Rechtsgrundlage	Merkmal	Firma	Gründer	Mindestkapital
Einzelunternehmen	§§ 1 ff. HGB	Personengesellschaft	e. K.	1	nicht erforderlich
Gesellschaft bürgerlichen Rechts	§§ 705 ff. BGB	Personengesellschaft	GbR	2	nicht erforderlich
Offene Handelsgesellschaft	§§ 105 bis 160 HGB	Personengesellschaft	OHG	2	nicht erforderlich
Kommanditgesellschaft	§§ 161 bis 177 HGB	Personengesellschaft	KG	2	nicht erforderlich
(eingetragene) Genossenschaft	Genossenschaftsgesetz (GenG)	Personengesellschaft	eG	2	nicht erforderlich
Gesellschaft mit beschränkter Haftung	GmbH-Gesetz (GmbHG)	Kapitalgesellschaft	GmbH	1	25.000 € Stammkapital
Aktiengesellschaft	Aktiengesetz (AktG)	Kapitalgesellschaft	AG	1	50.000 € Grundkapital

Tabelle 5: Überblick und Merkmale der wichtigsten Rechtsformen (siehe Fortsetzung der Tabelle auf Seite 43)

Partnerschaft

Ein Zusammenschluss mehrerer Freiberufler zur Ausübung ihrer Berufe. Sie ist kein Handelsgewerbe und muss im Partnerregister angemeldet werden (z. B. eine Ärztegemeinschaft).

Haftungsbeschränkte Unternehmergesellschaft

Die haftungsbeschränkte Unternehmergesellschaft (UG (haftungsbeschränkt)) wurde mit der Reform des GmbH-Gesetzes 2008 eingeführt und kann ohne Mindestkapital gegründet werden. 25 % des Gewinns müssen jedoch in eine gesetzliche Rücklage eingestellt werden, bis das vorgeschriebene Stammkapital erreicht ist.

Stiftung

Eine Stiftung ist eine Einrichtung, die mit Hilfe eines Vermögens einen vom Stifter festgelegten Zweck verfolgt. Sie sind meist zeitlich unbegrenzt angelegt und das Vermögen bleibt während der Dauer erhalten. Die Destinatäre (Begünstigte) bekommen nur die Erträge. Stiftungen können in verschiedenen rechtlichen Formen und zu jedem legalen Zweck errichtet werden.

Haftung	Innen-/Außenverhältnis	Gewinnverteilung
Vollhaftung (Betriebs- und Privatvermögen)	Inhaber	Inhaber bekommt alles
Vollhaftung (Betriebs- und Privatvermögen)	alle Gesellschafter zusammen*	jeder bekommt den gleichen Anteil*
Vollhaftung (Betriebs- und Privatvermögen)	jeder Gesellschafter*	4 % auf Kapitaleinlage; Rest nach Köpfen*
Komplementär: Vollhaftung Kommanditist: nur mit Kapitaleinlage	nur durch Komplementär*	4 % auf Kapitaleinlage; Rest nach angemessenem Verhältnis*
Vollhaftung (Betriebs- und Privatvermögen); Haftung nur mit Kapitaleinlage ist möglich	durch Vorstand*	je nach Satzung
nur mit Stammkapital	durch Geschäftsführer*	im Verhältnis der Geschäftsanteile*
nur mit Grundkapital	alle Vorstände gemeinsam*	Dividende auf den Nennwert der Aktie

* soweit nicht etwas anderes im Gesellschaftsvertrag vereinbart wurde

1.9.2 Standortwahl

Die Entscheidung für einen Standort ist von großer Bedeutung, da sie später nur mit erheblichem Aufwand und mit hohen Kosten verändert werden kann. Der Standort hat somit Auswirkungen auf den Absatz sowie die Kosten und Entwicklungsmöglichkeiten des Unternehmens.

Vorteile des Standortes Deutschland	Nachteile des Standortes Deutschland
✓ ausgeglichene Wirtschaftsstruktur ✓ große Arbeitsproduktivität ✓ gute Infrastruktur ✓ guter Ausbildungsstand ✓ soziale Zufriedenheit	✗ hohe Arbeitskosten ✗ hohe Bürokratie ✗ keine flexiblen Arbeitsmärkte

Tabelle 6: Vor- und Nachteile des Standortes Deutschland

Nutzwertanalyse

Ein Verfahren zur Bewertung von Vorhaben, deren Eigenschaften nicht direkt mit einer absoluten Zahl angegeben werden können. Die Eigenschaften werden miteinander verglichen und entsprechend ihrer Wichtigkeit gewichtet. Oftmals wird die Nutzwertanalyse auch als Nutzwertrechnung bezeichnet.

Vorteile der Nutzwertanalyse	Nachteile der Nutzwertanalyse
✓ einfache und leichte Anwendung ✓ variable Anpassung an die Situation/Gegebenheiten	✗ willkürliche Gewichtung und Bewertung (liegt in Betrachtung der durchführenden Person) ✗ zeitaufwendig

Tabelle 7: Vor- und Nachteile einer Nutzwertanalyse

Bewertungskriterien

quantitative Bewertungskriterien	qualitative Bewertungskriterien
sind direkt messbar	*müssen geschätzt werden*
• Produktionsfaktorkosten (Personal-, Kapital-, Grundstückskosten) • Infrastruktur (quantitativ, z. B. Anzahl der Straßen, Lieferantendichte) • gesamtwirtschaftliche Indikatoren (z. B. Wechselkurse, Zinssätze) • Steuern, Subventionen • Auflagen (z. B. Umweltschutzauflagen)	• Qualifikation der Arbeitskräfte • Infrastruktur (qualitativ, z. B. Zustand der Straßen) • politische Faktoren (z. B. politische Stabilität) • rechtliche Faktoren (z. B. Rechtssicherheit) • soziale Faktoren (z. B. Mentalität)

Tabelle 8: Auswahl an verschiedenen möglichen Bewertungskriterien einer Nutzwertanalyse

Vorgehensweise bei der Nutzwertanalyse:

1. Ziel bestimmen: Was soll herausgefunden werden? (z. B. neuer Standort)
2. Bewertungskriterien festlegen: Was soll bewertet werden? (z. B. Lage, Infrastruktur)
3. Alternativen beschreiben: Was für Alternativen existieren? (z. B. Stadt, Land)
4. Ziele gewichten: Wie wichtig sind die jeweiligen Ziele? (Gewichtungsfaktor)

> **HINWEIS:**
> Bei der Gewichtung sind die Kriterien mit längerfristigen Auswirkungen (z. B. Steuervergünstigungen) den Kriterien mit kurzfristigen bzw. einmaligen Auswirkungen (z. B. Zuschuss beim Grundstückskauf) vorzuziehen bzw. höher zu gewichten.

5. Alternativen mit absoluten Werten bewerten: subjektive Entscheidung
6. Ergebnisse ermitteln: Multiplikation von absolutem Wert mit Gewichtungsfaktor
7. Summe der einzelnen Alternativen bilden: einzelne Ergebnisse aufaddieren
8. Rangfolge bilden: Alternative mit dem höchsten Gesamtnutzen ist umzusetzen

Skalierung	Merkmale
kardinal	umgekehrte Schulnoten (5 = sehr hoch, 1 = sehr niedrig)
nominal	einfachste Form (ja/nein, gut/schlecht)
ordinal	Rangordnungen (1 = ganz schlecht bis 10 = sehr gut)

Tabelle 9: Bewertungsmaßstäbe/-skalierung

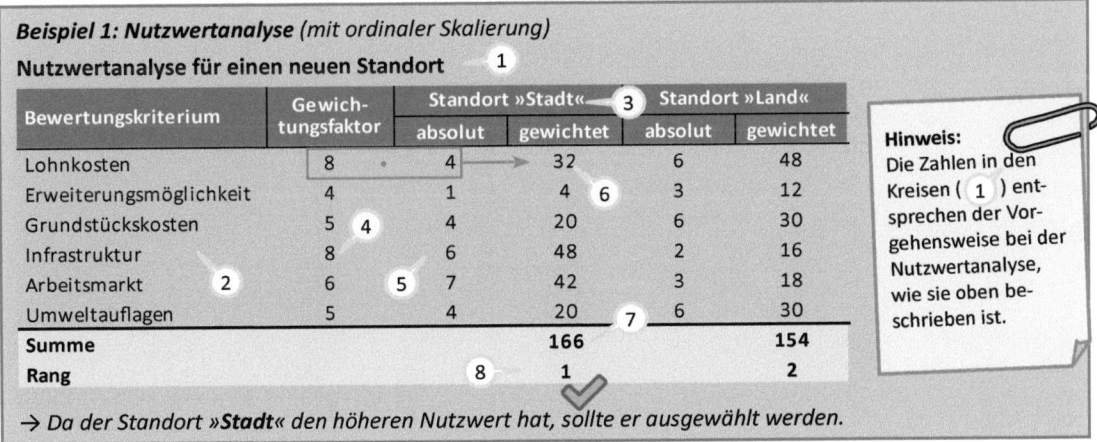

Beispiel 1: Nutzwertanalyse *(mit ordinaler Skalierung)*

Nutzwertanalyse für einen neuen Standort ①

Bewertungskriterium	Gewich-tungsfaktor	Standort »Stadt« ③		Standort »Land«	
		absolut	gewichtet	absolut	gewichtet
Lohnkosten	8	4	32	6	48
Erweiterungsmöglichkeit	4	1	4 ⑥	3	12
Grundstückskosten	5 ④	4	20	6	30
Infrastruktur	8	6	48	2	16
Arbeitsmarkt ②	6 ⑤	7	42	3	18
Umweltauflagen	5	4	20 ⑦	6	30
Summe			**166**		**154**
Rang	⑧		**1**		**2**

Hinweis:
Die Zahlen in den Kreisen (①) entsprechen der Vorgehensweise bei der Nutzwertanalyse, wie sie oben beschrieben ist.

→ *Da der Standort »Stadt« den höheren Nutzwert hat, sollte er ausgewählt werden.*

2 ABSATZWIRTSCHAFT

Die Absatzwirtschaft (oder Marketing) ist ein Teilbereich eines Unternehmens, der dafür zuständig ist, Waren und Dienstleistungen zu vermarkten bzw. verkaufen.

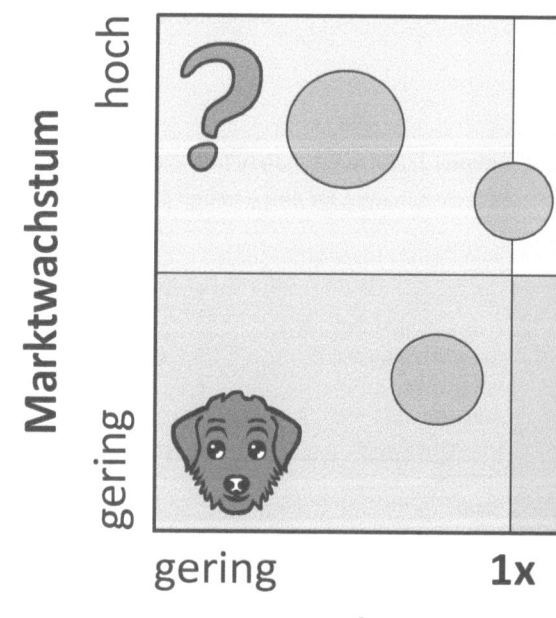

2.1 Marketing

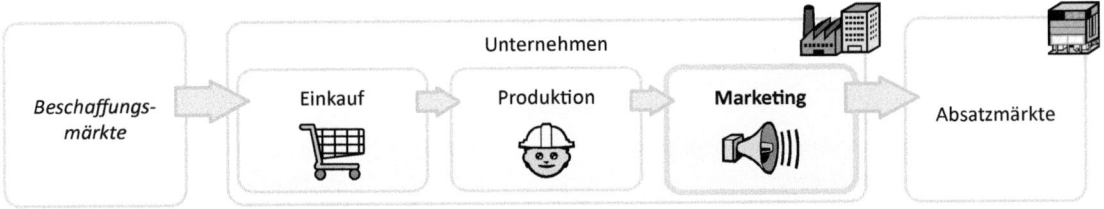

Abbildung 39: Marketing als Teilbereich in einem Unternehmen

Marketing richtet alle Entscheidungen und Handlungen eines Unternehmens an seiner Umwelt (z. B. Markt, Kultur, Wirtschaftssituation) aus. Dabei steht jedoch der Kunde (als Käufer) im Mittelpunkt und nicht mehr das Produkt selber.

Es stehen hierzu vier große und mächtige Instrumente zur Verfügung, die jedes Unternehmen individuell für sich zusammenstellt (Marketing-Mix).

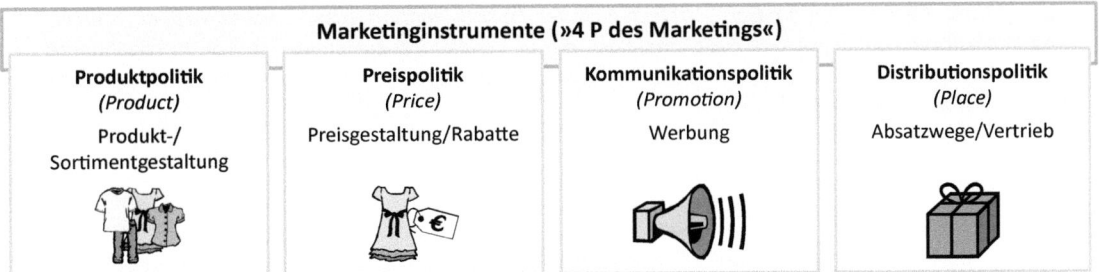

Abbildung 40: Überblick über die die Marketinginstrumente

Ausrichtung des Marketings:

- strategisches Marketing ist zukunftsorientiert »Was wollen wir erreichen?«
- operatives Marketing beschreibt die Umsetzung »Wie wollen wir es erreichen?«

2.1.1 Marketingziele

Die Marketingziele ergeben sich aus den Unternehmenszielen und legen den angestrebten Zustand fest, der durch den Marketing-Mix erreicht werden soll. Daraus ergeben sich wiederum Marketingziele für die einzelnen SGEs. Sie werden genauer beschrieben und in weitere Unterziele aufgeteilt. Um die Erreichung der Ziele beurteilen zu können, sollten sie in einer quantitativen (mengenmäßigen) und zeitlichen Größe beschrieben werden.

Marketingziele	
quantitative (ökonomische) Marketingziele	**qualitative (psychographische) Marketingziele**
sind messbar	*sind nicht messbar*
✓ Gewinnziele	✓ Image und Bekanntheitsgrad
✓ Umsatzziele	✓ Qualität und Zuverlässigkeit
✓ Kostenziele	✓ Corporate Identity
✓ Marktanteilsziele (ideal: Marktführerschaft)	✓ Kundenbindung
✓ Wachstumsziele	✓ Vertrauen

Abbildung 41: Überblick über die Marketingziele

> **Strategische Geschäftseinheit (SGE)**
> *Hat ein Unternehmen mehrere Geschäftsfelder, bindet die Koordination jedes einzelnen viele Ressourcen und Kapazitäten. Daher werden Geschäftsfelder, die in Verbindung zueinander stehen, in sogenannte SGEs zusammengefasst. Sie werden von einem eigenen Management geführt, das über entsprechende Entscheidungskompetenzen verfügt.*

2.1.2 Analyse der Ausgangssituation

Um überhaupt Maßnahmen ableiten zu können, muss zuerst die aktuelle Ausgangssituation (das Jetzt) untersucht werden. Dabei sollten die Punkte Absatzweg, Konkurrenten, Kundengruppen, Märkte sowie umweltbezogene Faktoren (z. B. Gesellschaft, wirtschaftliche Situation) überprüft werden.

Instrumente zur Analyse der Ausgangssituation

Instrumente zur Analyse der Ausgangssituation					
Stärken-Schwächen-Analyse	Chancen-Risiken-Analyse	SWOT-Matrix	Produktlebenszyklus	4-Felder-Matrix der Boston-Consulting-Group	9-Felder-Matrix nach McKinsey

Abbildung 42: Überblick über die Instrumente zur Analyse der Ausgangssituation

Stärken-Schwächen-Analyse

Sie analysiert das eigene, aktuelle Unternehmensprofil und gibt Auskunft über:

- eigene Position am Markt
- Meinungen der Kunden über das Unternehmen
- Qualifizierung der Mitarbeiter und Management
- Qualität der eigenen Produkte
- Vergleich zu anderen Wettbewerbern
- ...

Stärken-Schwächen-Analyse

Kriterien	--	-	0	+	++
Marktanteil					
Service					
Bekanntheit					
Image					
Kundendienst					
Qualität					
Lieferzeit					
...					

Abbildung 43: Stärken-Schwä-chen-Analyse

Chancen-Risiken-Analyse

Es werden oft externe Faktoren betrachtet, die vom Unternehmen selbst nicht verändert werden können. Sie spielen jedoch bei der Entwicklung des Unternehmens eine bedeutende Rolle. Die gefundenen Faktoren werden unterteilt in Chancen und Risiken und je nach ihrer Eintrittswahrscheinlichkeit bewertet. Zu jedem Faktor werden entsprechende Maßnahmen abgeleitet, um sie zu nutzen bzw. zu vermeiden.

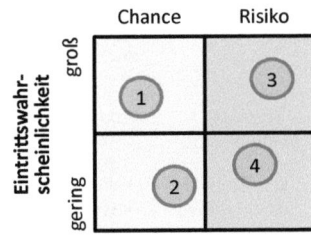

Abbildung 44: Chancen-Risiken-Analyse

Beispiel 2: Chancen-Risiken-Analyse

- Fall 1 ist eine Chance, deren Eintrittswahrscheinlichkeit groß ist
- Fall 2 ist eine Chance, deren Eintrittswahrscheinlichkeit gering ist
- Fall 3 ist ein Risiko, dessen Eintrittswahrscheinlichkeit groß ist
- Fall 4 ist ein Risiko, dessen Eintrittswahrscheinlichkeit gering ist

---

SWOT-Matrix

Eine Kombination aus Stärken-Schwächen-Analyse und Chancen-Risiken-Analyse. Bei der Entwicklung der späteren Strategie sollten diese Situationen berücksichtigt werden.

- **S**trengths (Stärken) sollten ausgebaut werden
- **W**eaknesses (Schwächen) sollten abgebaut werden
- **O**pportunities (Chancen) sollten genutzt werden
- **T**hreats (Bedrohungen) sollten vermieden werden

Abbildung 45: SWOT-Matrix

Beispiel 3: SWOT-Matrix

- Fall 1 ist eine Stärke, die in der Zukunft zu einer Chance wird → ausbauen und nutzen
- Fall 2 ist eine Stärke, die in der Zukunft zu einer Bedrohung wird → vermeiden
- Fall 3 ist eine Schwäche, die in der Zukunft zu einer Chance wird → ausbauen und nutzen
- Fall 4 ist eine Schwäche, die in der Zukunft zu einer Bedrohung wird → abbauen und vermeiden

Produktlebenszyklus

Ein Produkt durchläuft mehrere Phasen von der Idee des Produktes bis hin zum Austreten aus dem Markt. Der Produktlebenszyklus stellt die Umsatzentwicklung eines bestimmten Produktes während des Verkaufszeitraumes grafisch dar.

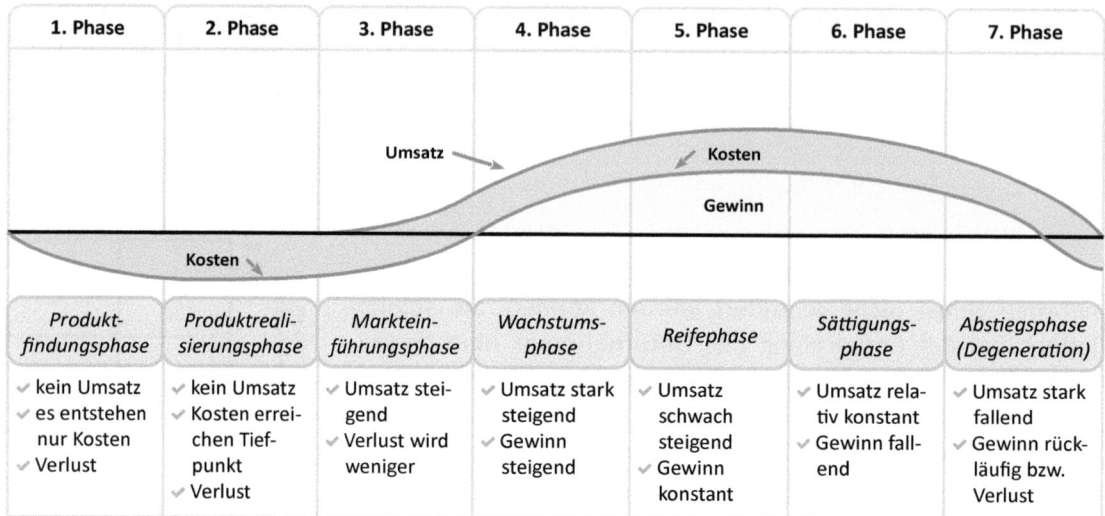

1. Phase	2. Phase	3. Phase	4. Phase	5. Phase	6. Phase	7. Phase
Produkt-findungsphase	*Produktreali-sierungsphase*	*Marktein-führungsphase*	*Wachstums-phase*	*Reifephase*	*Sättigungs-phase*	*Abstiegsphase (Degeneration)*
✓ kein Umsatz ✓ es entstehen nur Kosten ✓ Verlust	✓ kein Umsatz ✓ Kosten errei-chen Tief-punkt ✓ Verlust	✓ Umsatz stei-gend ✓ Verlust wird weniger	✓ Umsatz stark steigend ✓ Gewinn steigend	✓ Umsatz schwach steigend ✓ Gewinn konstant	✓ Umsatz rela-tiv konstant ✓ Gewinn fall-end	✓ Umsatz stark fallend ✓ Gewinn rück-läufig bzw. Verlust

Abbildung 46: idealtypischer Verlauf eines Produktlebenszyklus

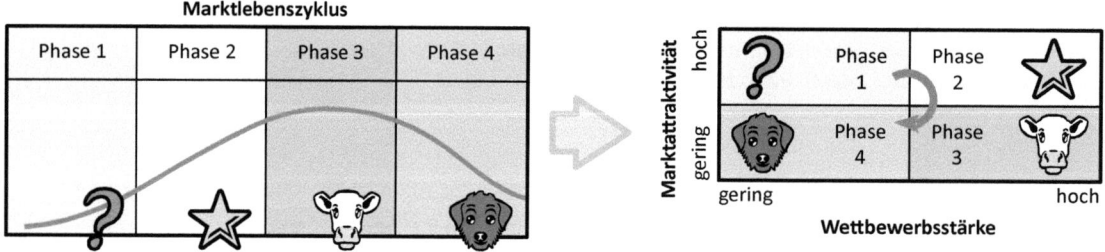

Abbildung 47: Abhängigkeit von Marktattraktivität und Wettbewerbsstärke im 4-phasigen Verlauf des Marktle-benszyklus

weitere Lebenszyklen:
Das Schema des Produktlebenszyklus kann auch auf einzelne Marken oder Märkte angewendet werden:

- *der Markenlebenszyklus bezieht sich nur auf eine Marke*
- *der Marktlebenszyklus bezieht sich auf einen konkreten Markt*

 Siehe auch unter Produktlebenszyklus im Kapitel 4 auf Seite 106.

4-Felder-Matrix der Boston-Consulting-Group

Ein Modell mit einem beeinflussbaren, internen Bewertungskriterium (z. B. Marktanteil) und einem externen, nicht beeinflussbaren Kriterium (z. B. Marktwachstum). Der Marktanteil wird in Relation zum führenden Wettbewerber (als 1x dargestellt) gemessen.

Die Größe der Kreise (Bubbles) entspricht dabei dem Umsatz der kompletten SGE (strategische Geschäftseinheit) oder einzelner Produkte.

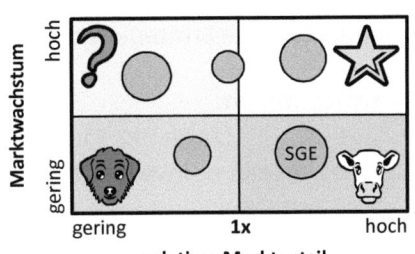

Abbildung 48: Portfolio-Analyse

Stadium		Merkmale	Strategie
Fragezeichen »Question Marks«		✗ niedriger relativer Marktanteil ✓ hohes Marktwachstum	bei guten Aussichten investieren, andernfalls aufgeben
Sterne »Stars«		✓ hoher relativer Marktanteil ✓ hohes Marktwachstum	investieren, um den Marktanteil zu vergrößern
Cash-Kühe »Cash-Cows«		✓ hoher relativer Marktanteil ✗ geringes Marktwachstum	abschöpfen, solange sie Gewinn bringen
Arme Hunde »Poor Dogs«		✗ niedriger relativer Marktanteil ✗ geringes Marktwachstum	aufgrund der schlechten Wachstumsaussichten aufgeben

Tabelle 10: vier Stadien der Marktentwicklung

TIPP ZUM AUSEINANDERHALTEN DER ACHSENBESCHRIFTUNGEN
Das (Markt)Wachstum wächst nach oben, es kommt an die senkrechte Achse.

9-Felder-Matrix nach McKinsey

Das McKinsey-Portfolio besteht aus 9 Feldern, die eine präzisere Aussage ermöglichen als die klassische 4-Felder-Matrix der Boston-Consulting-Group. Betrachtet wird die Marktattraktivität (Unternehmensumfeld) und der relative Wettbewerbsvorteil (Unternehmen) in Bezug auf den stärksten Wettbewerber.

Die Produkte oder Bereiche eines Unternehmens werden einem der neun Felder zugeordnet. Jedes Feld verkörpert dabei eine Normstrategie,

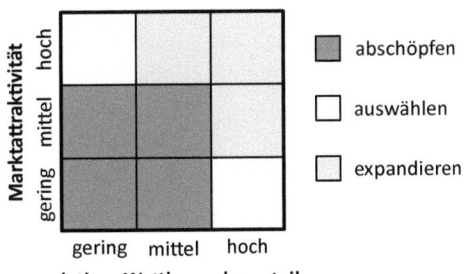

Abbildung 49: Marktattraktivitäts-Wettbewerbs-stärken-Portfolio

die eine Empfehlung zum weiteren Vorgehen geben soll. Das Ziel sollte sein, dass der Kapitalbedarf für die Strategie Expandieren durch die Strategie Abschöpfen finanziert wird.

Normstrategien:

- Expandieren (Zone der Mittelbindung): mittlere bis hohe Marktattraktivität und Wettbewerbsvorteile → Investitions- und Wachstumsstrategie
- Auswählen: hohe Marktattraktivität und geringe Wettbewerbsvorteile bzw. hohe Wettbewerbsvorteile und geringe Marktattraktivität → Offensivstrategien, Defensivstrategien und Übergangsstrategien
- Abschöpfen (Zone der Mittelfreisetzung): geringe bzw. mittlerer Marktattraktivität und Wettbewerbsvorteile → Abschöpfung und Desinvestition

Kriterien für die Marktattraktivität	Kriterien für den Wettbewerbsvorteil
• Markteintrittsbarrieren • Marktqualität (Rentabilität, Anzahl und Stärke der Wettbewerber) • Marktwachstum und Marktgröße • Umweltsituation (Konjunktur, Gesetzgebung) • Versorgung mit Energie und Rohstoffen	• finanzielle Situation • relative Marktposition und Marktanteil • relative Qualifikation der Beschäftigen • relatives Forschungs- und Entwicklungspotenzial • relatives Produktionspotenzial

Tabelle 11: mögliche Kriterien für die Marktattraktivität und den Wettbewerbsvorteil

2.1.3 Marketingstrategien

Mit den Erkenntnissen aus der Analyse der Ausgangssituation (siehe Kapitel 2.1.2 ab Seite 48) lassen sich Marketingstrategien ableiten. Daraus ergeben sich wiederum Ziele für die einzelnen SGEs (strategische Geschäftseinheit).

Marketingstrategien			
Markt-segmentierung	Diversifikations-strategien	Wachstumsstrategien nach Ansoff	Wettbewerbsstrategien nach Porter

Abbildung 50: Überblick über die Marketingstrategien

Marktsegmentierung

Bei einer Marktsegmentierung wird ein gesamter Markt in gleichartige (homogene) Teil-märkte mit jeweils eigenständigen Merkmalen aufgesplittet. Dadurch soll unter anderem die Zahlungsbereitschaft der Nachfrager besser ausgenutzt werden.

Mögliche Kriterien einer Marktsegmentierung:
* demographische Kriterien beziehen sich auf die Kunden, z. B. Alter, Geschlecht
* geographische Kriterien beziehen sich auf eine Region, z. B. Bevölkerungsdichte
* psychographische Kriterien beziehen sich auf die Kundenpersönlichkeit, z. B. Lebensstil

 Siehe auch unter 2.3.2 Preisdifferenzierung auf Seite 60.

Diversifikationsstrategie

Die Diversifikation ist eine Vergrößerung des Produktprogramms durch neue Produkte.

Abbildung 51: Überblick über die Diversifikationsstrategien

* Die horizontale Diversifikation vergrößert das Produktprogramm durch Aufnahme neuer Produkte innerhalb der gleichen Branche, die einen Zusammenhang zur alten Produktlinie haben. Das Ziel ist die Vergrößerung des Kundenstamms.

* Die vertikale Diversifikation vergrößert das Produktprogramm durch vor- und nachgelagerte Produktionsstufen in Form von Aufkauf von Zuliefererbetrieben oder Übernahme des Vertriebs. Das Ziel ist die Unabhängigkeit von Lieferanten bzw. eine gesicherte Abnahme der Produkte.

* Die laterale Diversifikation vergrößert das Produktprogramm durch neue Produktlinien, die in keinem Zusammenhang mit den bisherigen Produktlinien stehen. Das Ziel ist eine Streuung und Minimierung des Risikos.

Beispiel 4: Diversifikationsstrategien
* <u>horizontale</u> **Diversifikation**: Hersteller für Damenbekleidung stellt jetzt auch Herrenbekleidung her
* <u>vertikale</u> **Diversifikation**: Textilunternehmen kauft Baumwollplantage (vorgelagert), Produktionsbetrieb eröffnet eigene Verkaufsfilialen (nachgelagert)
* <u>laterale</u> **Diversifikation**: Textilunternehmen stellt jetzt auch Lebensmittel her

Wachstumsstrategien nach Ansoff

Der amerikanische Wirtschaftswissenschaftler Igor Ansoff (1918-2002) hat verschiedene Strategien entwickelt, um ein Wachstum zu ermöglichen:

	bestehende Produkte	neue Produkte
bestehende Märkte	Marktdurch-dringungs-strategie	Produkt-entwicklungs-strategie
neue Märkte	Markt-entwicklungs-strategie	Diversifi-kations-strategie

Abbildung 52: Produkt-Markt-Matrix

- bei der Marktdurchdringungsstrategie wird versucht, im bestehenden Markt mit den bestehenden Produkten durch eine verstärkte Verkaufsförderung den Marktanteil zu erhöhen

- bei der Marktentwicklungsstrategie wird versucht, mit den bestehenden Produkten neue Märkte zu erschließen

- bei der Produktentwicklungsstrategie wird versucht, im bestehenden Markt mit neuen Produkten aufzutreten

- bei der Diversifikationsstrategie wird versucht, mit neuen Produkten neue Märkte zu erschließen

Wettbewerbsstrategien nach Michael Porter

Sie sucht nach Möglichkeiten, um einen Wettbewerbsvorteil zu realisieren:

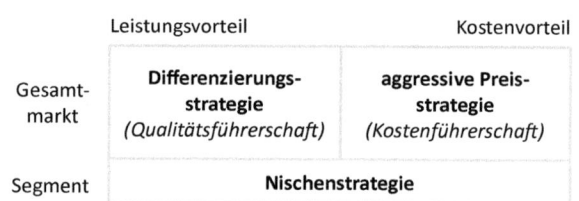

	Leistungsvorteil	Kostenvorteil
Gesamt-markt	**Differenzierungs-strategie** *(Qualitätsführerschaft)*	**aggressive Preis-strategie** *(Kostenführerschaft)*
Segment	**Nischenstrategie**	

Abbildung 53: Wettbewerbsstrategien nach Porter

- bei der Differenzierungsstrategie wird die Qualität der Produkte verbessert und hervorgehoben (Qualitätsführerschaft), um sich so von Konkurrenten abzuheben (wird in weltweiten Branchen angewendet)

- bei der aggressiven Preisstrategie wird aufgrund von Rationalisierungsmaßnahmen und Kostensenkungen ein entscheidender Kostenvorteil (Kostenführerschaft) und dadurch eine optimale Position am Markt ermöglicht (wird in gesättigten Branchen angewendet)

- bei der Nischenstrategie fällt die Konzentration auf bestimme Kunden, Produkte oder Regionen, um damit Marktnischen zu besetzen (wird in schrumpfenden Branchen angewendet)

2.1.4 Marketingkonzepte

Sie bestimmen den Schwerpunkt der Marketingaktivitäten. Anhand der verschiedenen Konzepte können unterschiedliche Maßnahmen abgeleitet werden.

Marketing-Konzepte	Merkmale
Produktionskonzept	Produktquantität (Menge) und effektive Produktivität werden in den Mittelpunkt gestellt, um Kunden zum Kauf der eigenen Produkte anzuregen (Produkt wird preisgünstig und überall angeboten)
Produktkonzept	Produktqualität wird in den Mittelpunkt gestellt, um Kunden zum Kauf der Produkte anzuregen („ein gutes Produkt verkauft sich von alleine!")
Verkaufskonzept	Distributions- und Kommunikationsaktivitäten (Werbung) stehen im Mittelpunkt, um Kunden zum Kauf der eigenen Produkte anzuregen

Tabelle 12: Marketing-Konzepte

Unterscheidungen im Marketing:
- beim For-Profit-Marketing ist die Gewinnerzielung die oberste Priorität. Es wird bei allen Unternehmen und Betrieben in der Wirtschaft angewandt, z. B. Industrie, Handel und Handwerk
- beim Non-Profit-Marketing ist die Gewinnerzielung nicht die oberste Priorität, sondern das Wohl der Allgemeinheit steht im Vordergrund. Es wird meistens bei sozialen Einrichtungen angewandt, z. B. bei Krankenhäusern und Stiftungen

2.2 Produktpolitik

> **HINWEIS:**
> Dieses Kapitel deckt sich in vielen Bereichen mit dem Kapitel **4.1 Produkt** ab Seite **103**. Für weitere Informationen sehen Sie bitte dort nach.

Alle Entscheidungen, die in Verbindung mit der markt- bzw. kundenorientierten Gestaltung der Produkte bzw. des Sortimentes stehen.

Ziele der Produktpolitik:
- Maximierung des Gewinns durch Kostensenkung und Umsatzsteigerung
- Steigerung der Konkurrenzfähigkeit
- Erhöhung der Kundenzufriedenheit
- Erhaltung und Verbesserung der Qualität

2.2.1 Produktgestaltung

Ein Produkt, egal welcher Art, muss einen Nutzen erbringen:

- der Grundnutzen umfasst alle Eigenschaften, die der Hersteller angibt (Muss!)
- der Zusatznutzen bringt einen zusätzlichen Nutzen (schön, wenn es ihn gibt...)

Hinzu kommen gewisse Produkteigenschaften, die ein Produkt aufweisen sollte:

innere Produkteigenschaften (Grundnutzen)	äußere Produkteigenschaften
• Funktion/Produktleistung • Haltbarkeit/Nutzungsdauer • Qualität/Zuverlässigkeit	• Design • Name (Marke) • Verpackung

Tabelle 13: innere und äußere Produkteigenschaften

2.2.2 Produktprogramm

Alle Produkte, die ein Unternehmen aktuell auf dem Markt anbietet (Sortiment).

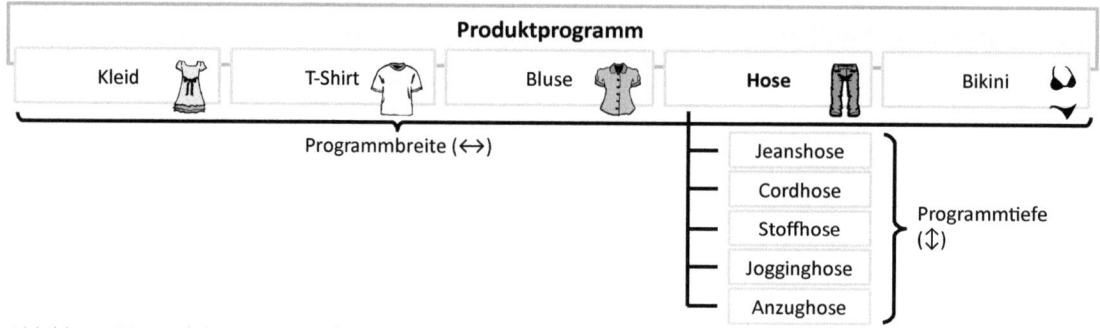

Abbildung 54: Produktprogramm (Sortiment)

Ein Produktprogramm setzt sich aus mehreren Produktlinien zusammen.

- Die Anzahl der einzelnen Produktlinien wird Programmbreite (↔) genannt. Diese Produktlinien können ähnliche Produkte sein (PKWs, LKWs und Busse) oder komplett verschieden sein (Kleidung, Lebensmittel und Möbel).
- Die Programmtiefe (↕) bezeichnet die Produktanzahl innerhalb der Produktlinie.

Beispiel 5: Programmbreite und Programmtiefe

- **Programmbreite**: das Produktprogramm eines Textilunternehmens setzt sich aus den fünf Produktlinien Kleid, T-Shirt, Bluse, Hose und Bikini zusammen
- **Programmtiefe**: die Produktlinie Hose besteht wiederum aus den fünf Produkten Jeanshose, Cordhose, Stoffhose, Jogginghose und Anzughose

Produktprogrammpolitik

Das eigene Produktprogramm muss neuen Kundenbedürfnissen oder Konkurrenzprodukten angepasst werden, um wettbewerbsfähig zu bleiben. Dies kann erreicht werden durch:

Maßnahmen	Merkmale
Produktinnovation	es werden komplett neue Produkte entwickelt und in das Produktprogramm aufgenommen → *es wurde eine neuartige Krawattenbluse entwickelt und wird nun angeboten*
Produktvariation	es wird eine neue Variante eines bisher bestehenden Produktes angeboten, die das bisherige Produkt ersetzt → *die blaue Jeanshose wird durch eine grüne Jeanshose ersetzt*
Produktdiversifikation	es werden für das Unternehmen neue Produkte, die es bereits auf dem Markt gibt, in das Produktprogramm aufgenommen → *zusätzlich zu den bestehenden Produkten (T-Shirt, Hose, Kleid und Bluse) werden noch Bikinis angeboten*
Produktdifferenzierung	es wird zusätzlich eine neue Variante eines bisher bestehenden Produktes angeboten → *zur blauen Jeanshose wird zusätzlich eine grüne Jeanshose angeboten*
Produktelimination	bisher angebotene, unwirtschaftliche Produkte werden vom Markt genommen → *die Blusen werden nun nicht mehr angeboten*

Tabelle 14: Maßnahmen der Produktprogrammpolitik

2.2.3 Markenpolitik

Markenpolitik ist die Kennzeichnung bestimmter Produkte oder Produktlinien mit einem Namen oder Symbole durch den Hersteller.

Ziele der Markenpolitik:
- ✓ eine bekannte Marke trotzt dem Preiskampf
- ✓ sich von der Konkurrenz unterscheiden und hervorheben
- ✓ Wiedererkennung der Marke mit imagefördernden Maßnahmen, z. B. Sponsoring

Markenstrategien:
- individuelle Markenstrategie
  - bei der Einzelmarkenstrategie wird nur einem Produkt ein Markenname gegeben
  - bei der Markenfamilienstrategie haben mehrere ähnliche Produkte denselben Namen
  - bei der Mehrmarkenstrategie tritt ein Unternehmen mit mehreren Marken auf
  - bei der Dachmarkenstrategie werden alle Produkte eines Unternehmens unter einer Dachmarke angeboten

- vertikale Markenstrategie
  - eine Handelsmarke ist für eine bestimmte Verkaufsstätte, die vom Handel vorgegeben wird (»Hausmarke«)
  - eine Gattungsmarke sind schlicht verpackte und preisgünstige Produkte

Eigenschaften eines Markenartikels:
- fast überall erhältlich
- hat ein gutes Image
- meistens relativ hoher Preis
- sehr großer Bekanntheitsgrad
- steht für gleichbleibende und hohe Qualität

2.3 Preispolitik

Die Preispolitik (Kontrahierungspolitik) legt den optimalen Preis für ein angebotenes Produkt fest.

Ziele der Preispolitik:
- ✓ Deckung aller entstandenen Kosten
- ✓ langfristige Gewinnmaximierung
- ✓ optimaler Absatz durch richtige Preise
- ✓ Steigerung des Umsatzes

Einflussgrößen der Preispolitik:
- Elastizität der Nachfrage
- Konjunktur
- Konkurrenz
- Marktformen (Monopol, Oligopol, Polypol)
- Rohstoffpreise

2.3.1 Preisfindung

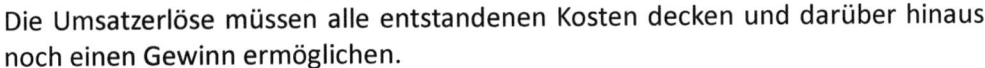

Abbildung 55: Überblick über die Preisfindung

kostenorientierte Preisfindung

Die Umsatzerlöse müssen alle entstandenen Kosten decken und darüber hinaus noch einen Gewinn ermöglichen.

kundenorientierte Preisfindung

Der Preis orientiert sich in erster Linie an dem, was der Kunde bereit ist, dafür zu bezahlen (Preisakzeptanz).

- target costing (Zielkosten): Der Absatzpreis wird bereits im Voraus festgelegt. Davon wird der Gewinn abgezogen, um die maximalen Produktionskosten zu erhalten, die entstehen dürfen, um den festgelegten Preis noch zu halten (»Was darf mich das Produkt maximal kosten?«). Diese Methode ist auch im Entscheidungsprozess für oder gegen eine Produktneueinführung hilfreich.

- Perceived-value-pricing: Es wird ein gewisser hoher Produktwert vorgegeben und demzufolge ein meist hoher Preis verlangt.

wettbewerbsorientierte Preisfindung

Der Preis orientiert sich in erster Linie an den Preisen der anderen Wettbewerber.

- ein Polypolist hat keinen Einfluss auf den Marktpreis und muss seinen Verkaufspreis dementsprechend angleichen
- ein Oligopolist hat mehr Einfluss auf den Marktpreis, es kann dabei eine aggressive Preispolitik entstehen (Verdrängungswettbewerb)
- der Monopolist gibt den Marktpreis vor, da kein Wettbewerb existiert

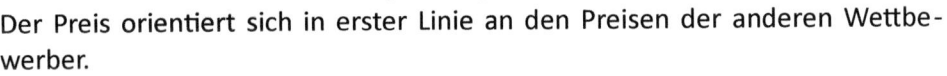

2.3.2 Preisdifferenzierung

Anbieter verlangen für ein Produkt verschiedene Preise, um die Zahlungsbereitschaft der Nachfrager besser auszunutzen. Zuvor sollte der Markt jedoch segmentiert werden.

Preisdifferenzierungen	Merkmale
anlassbezogen	unterschiedliche Preise wegen eines bestimmten Grundes (z. B. Sommerschlussverkauf, Jubiläumsverkauf)
mengenbezogen	unterschiedliche Preise in Abhängigkeit der Kaufmenge
personenbezogen	einige Personengruppen bezahlen einen anderen Preis (z. B. Schüler)
räumlich	unterschiedliche Preise in Abhängigkeit des Verkaufsortes
zeitlich	unterschiedliche Preise in Abhängigkeit von zeitlichen Ereignissen

Tabelle 15: Preisdifferenzierungen

 Siehe auch unter 2.1.3 Marktsegmentierung auf Seite 53.

2.3.3 Strategien der Preispolitik

Die gewählte Preisstrategie ist die Grundlage für die Preispolitik. Je nach Strategie werden unterschiedliche Kundengruppen angesprochen.

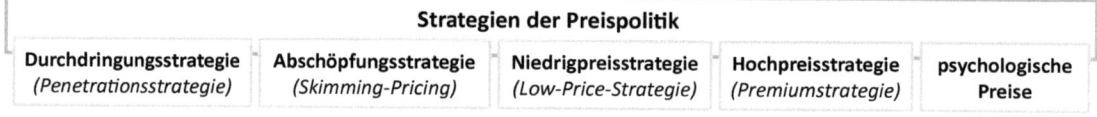

Strategien der Preispolitik				
Durchdringungsstrategie *(Penetrationsstrategie)*	Abschöpfungsstrategie *(Skimming-Pricing)*	Niedrigpreisstrategie *(Low-Price-Strategie)*	Hochpreisstrategie *(Premiumstrategie)*	psychologische Preise

Abbildung 56: Überblick über die Strategien der Preispolitik

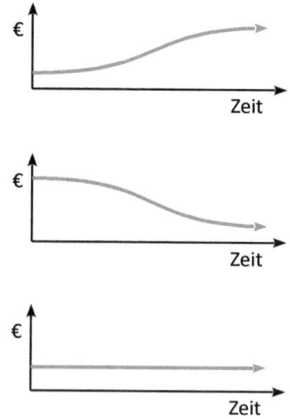

- Bei der Durchdringungsstrategie (Penetrationsstrategie) wird ein Produkt mit einem niedrigen Preis eingeführt, der im weiteren Verlauf stufenweise angehoben wird, um schon bei der Einführung Marktanteile zu bekommen.

- Bei der Abschöpfungsstrategie (Skimmingpreisstrategie) wird ein Produkt mit einem hohen Preis eingeführt, der im weiteren Verlauf stufenweise gesenkt wird, um weitere Käufer zu erreichen, z. B. Modetrends.

- Bei der Niedrigpreisstrategie (Low-Price-Strategie) wird ein Produkt mit einem niedrigen Preis eingeführt, der im weiteren Verlauf beibehalten wird, um möglichst viele Käufer zu erreichen, z. B. große Discounter-Ketten (Discountstrategie).

- Bei der Hochpreisstrategie (Premiumstrategie) wird ein Produkt mit einem hohen Preis eingeführt, der im weiteren Verlauf beibehalten wird, häufig bei Premiummarken.

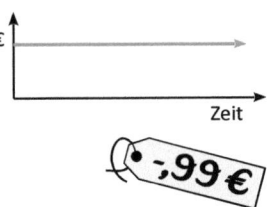

- Über die psychologischen Preise werden die Preise »optisch« niedrig gehalten, z. B. 9,99 € statt 10,00 €.

2.3.4 Instrumente der Preispolitik

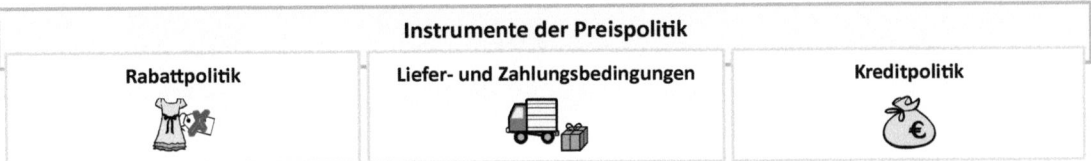

Instrumente der Preispolitik		
Rabattpolitik	Liefer- und Zahlungsbedingungen	Kreditpolitik

Abbildung 57: Überblick über die Instrumente der Preispolitik

Rabattpolitik

Das Unternehmen gewährt einen Preisnachlass auf seine Produkte:

- Mengenrabatt bedeutet sinkende Einzelpreise bei steigender Abnahmemenge
- Skonto ist ein Preisnachlass bei sofortiger Barzahlung (meistens 2 bis 3 %)
- Treuerabatt ist ein Preisnachlass bei langjähriger Geschäftsbeziehung
- Zeitrabatt wird abhängig von zeitlichen Ereignissen gewährt (z. B. Einführungsrabatt)

Liefer- und Zahlungsbedingungen

Es werden besondere Bedingungen für die Lieferung und Zahlung eingeräumt:

- Lieferbedingungen legen den Gefahren- und Kostenübergang zwischen Verkäufer und Käufer fest (Incoterms, z. B. Lieferung ab Werk (EXW) oder frei an Bord (FOB))
- Zahlungsbedingungen legen Art und Termin der Zahlung fest

Kreditpolitik

Das Unternehmen gewährt einen Kredit an seine Kunden:

- Absatzfinanzierung räumt dem Käufer ein Zahlungsziel ein
- der Verkäufer stellt dem Kunden eine günstige oder zinslose Finanzierung bereit
- mittels Leasing wird der Gegenstand nicht verkauft, sondern gegen Gebühr vermietet

2.4 Kommunikationspolitik (Werbung)

Alle Maßnahmen, die getroffen werden, um den Markt und die Kunden über seine Produkte zu informieren.

Ziele der Werbung:
- Auskünfte über das Produkt, z. B. Anwendungsbereiche oder Vorteile der Nutzung
- Sicherung und Erweiterung des Absatzes
- Vergrößerung des Bekanntheitsgrades von Produkten oder des Unternehmens

Arten	Merkmale
Einführungswerbung	Werbung bei der Markteinführung von neuen Produkten
Einzelwerbung	ein Unternehmen wirbt für sein Produkt bzw. Produkte
Erinnerungswerbung	soll die Erinnerung an ein Produkt oder Marke erhalten
Expansionswerbung	soll eine Umsatzsteigerung hervorrufen
Gemeinschaftswerbung	mehrere Unternehmen werben gemeinsam
Suggestivwerbung	soll Emotionen bei den Käufern wecken
Verbundwerbung	mehrere, sich ergänzende Unternehmen werben für sich
prozyklische Werbung	(mit dem Konjunkturtrend) in Boomzeiten wird viel, in Krisenzeiten wenig bis gar nicht geworben
antizyklische Werbung	(gegen den Konjunkturtrend) in Boomzeiten wird wenig bis gar nicht, in Krisenzeiten viel geworben

Tabelle 16: Arten der Werbung

Instrumente der Werbung:
- die klassische Werbung richtet sich meist an Endverbraucher

- bei Clienting (Beziehungsmarketing) wird eine langfristige und dauerhafte Kunden-Lieferanten-Beziehung aufgebaut
- über Corporate Identity wird eine einheitliche Identität erzielt

- Direct Marketing (persönlicher Verkauf) ist ein direkter und persönlicher Kontakt zu einem Kunden
- bei Event Marketing kreiert das Unternehmen selbst oder nutzt vorhandene Ereignisse zur eigenen Darstellung
- über Product-Placement werden Produkte in Medien (z. B. Filmen) absichtlich und deutlich dargestellt, ohne es jedoch als Werbung wahrzunehmen

- über Public Relations (Öffentlichkeitsarbeit) soll ein Unternehmen in der Öffentlichkeit bekannt gemacht werden, z. B. Tag der offenen Tür
- Sales Promotion (Verkaufsförderung) ist eine zeitlich begrenzte Aktion, um den Absatz zu erhöhen
  - Außendienstförderung über Prämien, Seminare, Prospekte
  - Händlerförderung über Displaymaterial, Preiszugeständnisse
  - Kundenförderung über Gewinnspiele, Proben, Vorführungen

- bei Sponsoring stellt ein Unternehmen Geld- oder Sachmittel zur Verfügung und bekommt dafür eine kommunikationspolitische Gegenleistung, z. B. Trikot-Werbeaufschrift

Werbeprozess

Der Prozess von der Idee bis zur Schaltung bzw. Kontrolle der Werbemaßnahme.

1. Schritt: Ziel der Werbung festlegen
- ☑ Werbesubjekt: Wer wird umworben? (z. B. Endverbraucher)
- ☑ Werbeobjekt: Wofür wird geworben? (z. B. einzelne Produkte, Produktlinien)
- ☑ Werbeziel: Warum wird geworben? (monetäre Ziele, bspw. mehr Umsatz oder nicht monetäre Ziele, bspw. ein höherer Bekanntheitsgrad)

2. Schritt: Werbebotschaft festlegen (»AIDA-Formel«)
- ☑ Aufmerksamkeit erzeugen (Attention)
- ☑ Interesse am Produkt wecken (Interest)
- ☑ Drang erzeugen, das Produkt besitzen zu wollen (Desire)
- ☑ Ausführung des Kaufs bewirken (Action)

3. Schritt: Art des Werbemittels festlegen
Das Werbemittel ist die ausgestaltete Werbebotschaft (z. B. als Anzeige, TV-Spot).

4. Schritt: Art des Werbeträgers festlegen
Der Werbeträger ist der Überbringer der Werbebotschaft (z. B. Printmedien)
- ☑ Intermediaselektion ist die Auswahl einzelner Werbeträgergruppen, z. B. Printmedien, Fernsehspott oder Radiospott;
  Kriterien hierfür sind beispielsweise Kosten, Reichweite, Zielgruppe
- ☑ Intramediaselektion ist die Auswahl der Werbeträger innerhalb einer Werbeträgergruppe, z. B. innerhalb der Printmedien: Tageszeitung, Flugblatt oder Werbeplakat;
  Fragestellungen hierfür sind beispielsweise Wo? Wie oft? Wann?

5. Schritt: Kontrolle des Werbeerfolges

Den Erfolg einer Werbemaßnahme lässt sich nur schwer direkt feststellen. Hilfsmittel dazu sind beispielsweise Umsatzzahlen oder Kundenbefragungen.

Push-Strategie

Der Hersteller bewirbt mit einem noch unbekannten Produkt den Handel, der so beim Endverbraucher ein Bedürfnis nach diesem Produkt entwickelt und es kaufen will.

Abbildung 58: Push-Strategie für den Handel

Pull-Strategie

Der Hersteller bewirbt den Endverbraucher, der das Produkt beim Händler nachfragt. Dadurch ist der Handel gezwungen, das Produkt in seinem Sortiment zu führen.

Abbildung 59: Pull-Strategie für Endverbraucher

Gesetzliche Grenzen der Werbung

- Das Gesetz gegen Wettbewerbsbeschränkungen (GWB) verbietet alle Maßnahmen, die den Wettbewerb einschränken, z. B. unerlaubte Absprachen oder Fusionen.

- Das Gesetz gegen unlauteren Wettbewerb (UWG) verbietet den Einsatz aller unlauteren (unfairen) Mittel im bestehenden Wettbewerb, z. B. irreführende Werbung oder unwahre Angaben.

2.5 Distributionspolitik (Absatzpolitik)

Alle ergriffenen Maßnahmen, damit die Produkte zum Endkunden gelangen.

2.5.1 Distributionswege

Der Distributionsweg (auch Absatzweg, Vertriebsweg, Absatzkanal) ist der Weg des Produktes vom Hersteller zum Endkunden.

Mögliche Kriterien zur Wahl des Absatzweges:
- Anzahl der Abnehmer
- Besonderheiten der Produkte (z. B. Größe, Beschaffenheit)
- Größe des Unternehmens
- Umfang und Art des Verkaufsprogramms
- Wettbewerbssituation

Absatzwege	
direkter Absatz *(unternehmenseigen)*	**indirekter Absatz** *(unternehmensfremd)*

Abbildung 60: Überblick über die Absatzwege

direkter Absatz

Zwischen Hersteller und Käufer treten keine Absatzmittler. Der Verkauf erfolgt über eigene Filialen, Verkaufsstellen oder Direktversand durch den Hersteller **direkt** an den Endkunden.

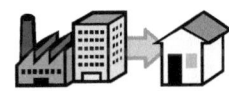

Vorteile des direkten Absatzes	Nachteile des direkten Absatzes
✔ direkter Einfluss auf den Vertriebsweg	✖ erhebliche Kosten
✔ günstigere Endverbraucherpreise	✖ große Marktabdeckung ist nicht möglich
✔ keine Abhängigkeit der Absatzorgane	
✔ persönlicher/direkter Kontakt zum Kunden	

Tabelle 17: Vor- und Nachteile des direkten Absatzes

 Siehe auch unter unternehmenseigene Absatzorgane auf Seite 66.

indirekter Absatz

Zwischen Hersteller und Käufer treten Absatzorganisationen, z. B. Handelsbetriebe, Absatzmittler oder Absatzhelfer. Der Hersteller liefert nicht mehr direkt an den Endkunden.

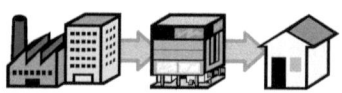

Vorteile des indirekten Absatzes	Nachteile des indirekten Absatzes
✓ Handel spricht viele Kunden an ✓ keine Kosten für eigenes Vertriebssystem ✓ Produkte sind im großen Handelssortiment ✓ wenige Großkunden sind zu bedienen	✗ Informationen des Handels sind oft verfälscht ✗ marktführende Handelsunternehmen geben die Bedingungen vor

Tabelle 18: Vor- und Nachteile des indirekten Absatzes

 Siehe auch unter unternehmensfremde Absatzorgane auf Seite 67.

Formen des indirekten Absatzes:
- bei Franchise überlässt ein Franchise-Geber einem rechtlich selbstständig bleibenden Franchise-Nehmer gegen Geld die Rechte über ein Geschäftskonzept, eigene Waren oder Dienstleistungen unter Verwendung von Namen, Warenzeichen und Ausstattung des Franchise-Gebers anzubieten
  - Produktfranchise beinhaltet Herstellung und Verkauf, z. B. Fast-Food-Ketten
  - Vertriebsfranchise beinhaltet nur Verkauf, z. B. Baumarkt-Ketten
  - Dienstleistungsfranchise beinhaltet nur Dienstleistungen, z. B. Hotel-Ketten

- das Vertragshändlersystem ist eine gelockerte Form des Franchising, z. B. Autohäuser
- der Alleinvertrieb ist ein Exklusivvertrieb in einer bestimmten Region (Gebietsschutz)
- bei Vertriebsbindung erfolgt der Vertrieb ausschließlich über Fachgeschäfte

2.5.2 Distributionsorgane (Absatzorgane)

Alle zwischengeschalteten Personen (z. B. Außenhändler) oder Unternehmen (z. B. Groß-/Einzelhandel), die mit dem Absatz der Produkte beauftragt sind.

unternehmenseigene Absatzorgane (direkter Absatz)

- rechtlich unselbstständige Absatzorgane wie Vertriebsabteilung, Reisender (Außendienst) oder Werksverkauf
- rechtlich selbstständige Absatzorgane wie Vertriebsgesellschaft oder Vertragshändler

Vorteile des Reisenden	Nachteile des Reisenden
✔ größere Identifikation mit dem Unternehmen ✔ leicht steuerbar (weisungsgebunden)	✖ hohe Personalkosten ✖ Kündigungsschutz

Tabelle 19: Vor- und Nachteile des Reisenden (eigener Mitarbeiter)

 Siehe auch unter direkter Absatz auf Seite 65.

unternehmensfremde Absatzorgane (indirekter Absatz)

• Absatzmittler (z. B. Großhandel, Einzelhandel)
• Absatzhelfer (z. B. Handelsvertreter, Kommissionär)

Vorteile des Handelsvertreters	Nachteile des Handelsvertreters
✔ Bezahlung abhängig vom Erfolg ✔ bietet Sortimentsverbund an ✔ Kundenstamm vorhanden ✔ bessere Marktkenntnis	✖ geringere Unternehmensidentifikation ✖ kein großer Einsatz für Produkt ✖ freie Arbeits- und Urlaubseinteilung ✖ schwer steuerbar (nicht weisungsgebunden)

Tabelle 20: Vor- und Nachteile des Handelsvertreters (Externer)

 Siehe auch unter indirekter Absatz auf Seite 66.

Kostenrechnung für Handelsvertreter und Reisender

Der (externe) Handelsvertreter erhält eine vergleichsweise niedrige jährliche Spesenpauschale sowie eine hohe Provision in Abhängigkeit seines erzielten Nettoumsatzes.

Der (eigene) Reisende verursacht dagegen hohe jährliche Personalkosten, bekommt dafür eine niedrige Provision in Abhängigkeit seines erzielten Nettoumsatzes.

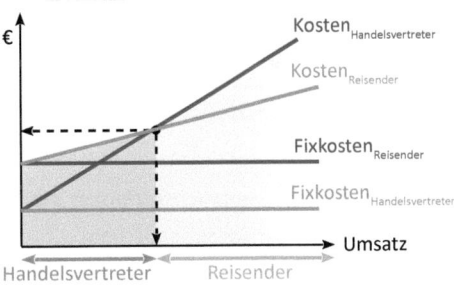

Abbildung 61: Kostenentwicklung

jährliche Kosten des Handelsvertreters [€] = Spesenpauschale + Provision	jährliche Kosten des Handelsvertreters (fremder Mitarbeiter)
jährliche Kosten des Reisenden [€] = Personalkosten + Provision	jährliche Kosten des Reisenden (eigener Mitarbeiter)
Provision [€] = Provision (in Dezimalform = 0,...) · jährlicher Nettoumsatz	jährliche Kosten der Provision in Abhängigkeit des Nettoumsatzes

---

Beispiel 6: Kostenrechnung für Handelsvertreter und Reisender

Handelsvertreter: Spesenpauschale: 12.000 €; Provision: 11,5 % (= 0,115) vom Nettoumsatz

Reisender: Personalkosten: 120.000 €; Provision: 4 % (= 0,04) vom Nettoumsatz

jährlicher Nettoumsatz: 1.200.000 €

Kosten Handelsvertreter:
  Spesenpauschale + Provision = 12.000 € + (0,115 · 1.200.000 €) = 12.000 € + 13.8000 € = 150.000 €

Kosten Reisender:
  Personalkosten + Provision = 120.000 € + (0,04 · 1.200.000 €) = 120.000 € + 48.000 € = 168.000 €

→ Der **Handelsvertreter** ist bei einem Nettoumsatz von 1.200.000 € günstiger als der Reisende.

Kostenvergleichsrechnung zwischen Handelsvertreter und Reisender

Es stellt sich die Frage, ab wann der Reisende günstiger ist (kritischer Umsatz).

Der (externe) Handelsvertreter ist bis zum kritischen Umsatz kostengünstiger. Dies kommt daher zustande, da die Fixkosten geringer und bei wenig Nettoumsatz die Kosten der Provision noch niedriger sind.

Ab diesem kritischen Umsatz ist der (eigene) Reisende kostengünstiger. Dies kommt daher zustande, da bei steigendem Nettoumsatz aufgrund der niedrigeren Provision die Kosten weniger stark ansteigen.

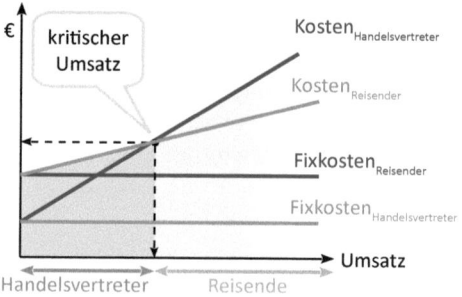

Abbildung 62: Kostenentwicklung

---

kritischer Umsatz [€] =

$$\frac{\text{Personalkosten}_{\text{Reisender}} - \text{Spesenpauschale}_{\text{Handelsvertreter}}}{\text{Provision}_{\text{Handelsvertreter}} - \text{Provision}_{\text{Reisender}}}$$

Punkt, ab dem der Reisende günstiger als der Handelsvertreter ist

---

Beispiel 7: Kostenvergleichsrechnung zwischen Handelsvertreter und Reisender

Handelsvertreter: Spesenpauschale: 12.000 €; Provision: 11,5 % (= 0,115) vom Nettoumsatz

Reisende: Personalkosten: 120.000 €; Provision: 4 % (= 0,04) vom Nettoumsatz

kritischer Umsatz:

$$\frac{\text{Personalkosten}_{\text{Reisender}} - \text{Spesenpauschale}_{\text{Handelsvertreter}}}{\text{Provision}_{\text{Handelsvertreter}} - \text{Provision}_{\text{Reisender}}} = \frac{120.000\ € - 12.000\ €}{0,115 - 0,04} = \frac{108.000\ €}{0,075} = 1.440.000\ €$$

Kosten Handelsvertreter bei 1.440.000 € Umsatz: 12.000 € + (0,115 · 1.440.000 €) = 177.600 €

Kosten Reisender bei 1.440.000 € Umsatz: 120.000 € + (0,04 · 1.440.000 €) = 177.600 €

→ Der kritische Umsatz liegt bei **1.440.000 €**. Hier verursachen beide die gleichen Kosten (177.600 €).

Kommissionsgeschäft

Bei einem Kommissionsgeschäft bekommt der Verkäufer (Kommissionär) vom Hersteller (Kommittent) Waren gestellt, die er über seinen eigenen Namen auf fremde Rechnung verkauft. Der Kommissionär muss jede ausgeführte Kommission (Verkauf) melden, nachweisen und abrechnen. Der Kommittent muss die Ware auf seine Kosten liefern und nicht verkaufte Ware wieder auf seine Kosten zurücknehmen.

Vorteile für den Kommissionär	Nachteil für den Kommissionär
✓ hat schon seine Kunden ✓ kaum Risiken, da der Kommittent die Kosten trägt ✓ muss Ware nicht kaufen und bleibt bei Nichtverkauf nicht darauf sitzen	✗ kein Spielraum bei der Preisgestaltung

Tabelle 21: Vor- und Nachteile für den Kommissionär (Verkäufer)

Vorteile für den Kommittent	Nachteil für den Kommittent
✓ muss keine eigenen Verkaufsorgane aufbauen und keine eigenen Leute einstellen ✓ muss sich nicht um den Absatz kümmern	✗ hohe Kosten im Flopfall

Tabelle 22: Vor- und Nachteile für den Kommittent (Hersteller)

Ablauf einer Verkaufskommission

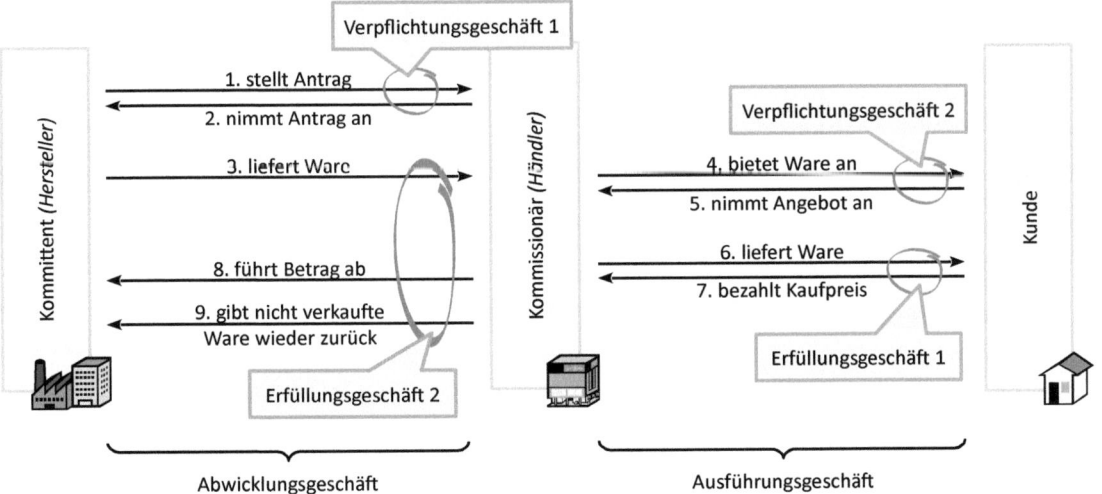

Abbildung 63: Ablauf einer Verkaufskommission und die daraus entstehenden Rechtsgeschäfte

2.6 Marktforschung

Die Marktforschung analysiert und strukturiert den Markt. Sie liefert so Daten, die Unternehmen für ihre Marketingentscheidungen benötigen.

2.6.1 Methoden der Marktforschung

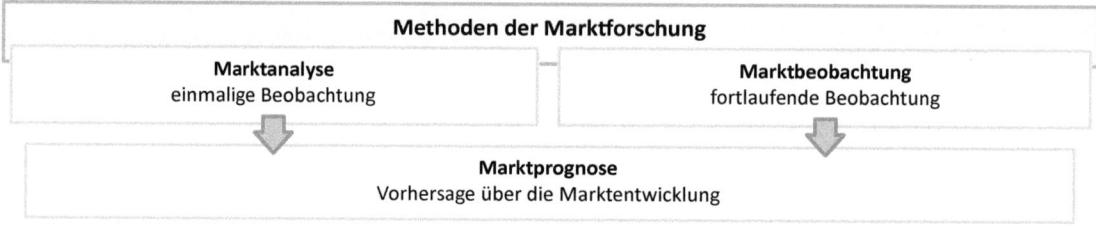

Abbildung 64: Überblick über die Methoden der Marktforschung

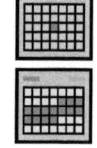

- Eine Marktanalyse findet einmalig an einem Zeitpunkt statt und ermöglicht nur eine punktuelle Darstellung der aktuellen Marktsituation (z. B. am 21.06.).

- Eine Marktbeobachtung findet fortlaufend innerhalb eines Zeitraums statt und gibt detaillierter Auskunft über eventuelle Marktentwicklungen (z. B. vom 21.06. bis zum 23.09.).

- Eine Marktprognose baut auf den Erkenntnissen der Marktanalyse und Marktbeobachtung auf und sagt voraus, wie sich der Markt in der Zukunft entwickeln wird.

absoluter Marktanteil *[%]* = $$\frac{\text{eigener Absatz bzw. Umsatz} \cdot 100\,\%}{\text{Marktvolumen}}$$	*eigener Marktanteil gemessen am kompletten Marktvolumen* → *je höher, desto besser*
relativer Marktanteil *[%]* = $$\frac{\text{eigener Marktanteil} \cdot 100\%}{\text{Marktanteil des stärksten Konkurrenten}}$$	*eigener Marktanteil gemessen am Marktanteil des größten Konkurrenten* → *je höher, desto besser*
Sättigungsgrad des Marktes *[%]* = $$\frac{\text{Marktvolumen} \cdot 100\,\%}{\text{Marktpotenzial}}$$	*gibt an, wie stark der Markt schon gesättigt ist* → *je kleiner die Zahl, desto mehr kann der Markt noch aufnehmen*

Mögliche Fragestellungen bei einer Marktforschung:

Absatzkanäle	Konkurrenten	Kunden	Produkte
Wie vertreibe ich mein Produkt?	*Wie steht es um die Konkurrenz?*	*Was habe ich für Kunden?*	*Was kann mein Produkt?*
• Größe/Lage des Verkaufsortes • Lieferzeit • Transportwege/-kosten/-möglichkeiten • Verkaufsart • Zahlungsweise	• Anzahl • Marktanteile • Preis • Produktpalette • Qualität • Verhaltensweise	• Alter • Einkommen • Geschlecht • Hobbys • Zahlungsbereitschaft • Zufriedenheit	• Eigenschaften • Preis • Qualität • Substitute (Ausweichprodukte) • Tragfähigkeit

Tabelle 23: mögliche Fragestellungen bei einer Marktforschung

2.6.2 Informationsgewinnung

Informationsgewinnung	
Primärforschung (field research) *erhebt und arbeitet mit neuen Daten*	**Sekundärforschung** (desk research) *arbeitet mit bestehenden Daten*

Abbildung 65: Überblick über die Informationsgewinnung

- Über die Primärforschung (field research) werden neue Daten aufgrund einer konkreten Frage erhoben.

Vorteile der Primärforschung	Nachteile der Primärforschung
✓ Ergebnisse sind aktuell und zutreffend ✓ verschafft Wettbewerbsvorteile	✗ Durchführung sehr teuer ✗ Auswertung kann lange dauern

Tabelle 24: Vor- und Nachteile der Primärforschung

- Über die Sekundärforschung (desk research) werden bereits bestehende Daten aus früheren Marktforschungen verwendet. Diese können aus internen Quellen (z. B. Marketingstatistiken) oder externen Quellen (z. B. Statistisches Bundesamt) stammen.

Vorteile der Sekundärforschung	Nachteile der Sekundärforschung
✓ Ergänzung zur Primärforschung ✓ kostengünstig ✓ zeitsparend	✗ veraltetes Datenmaterial ✗ Daten passen nicht zum eigentlichen Thema

Tabelle 25: Vor- und Nachteile der Sekundärforschung

Arten der Auswahlverfahren

- bei einer Vollerhebung werden alle Marktteilnehmer eines Segments erfasst
- bei einer Teilerhebung wird nur ein Teil der Marktteilnehmer eines Segments über ein zufallsgesteuertes Auswahlverfahren (Randomverfahren) ausgewählt

Erhebungsmethoden

Sie dienen der Beschaffung von Informationen zur Planung und Steuerung der Marketingaktivitäten.

Erhebungsmethoden			
Befragung	**Beobachtung**	**Experiment**	**Panel**
Informationserhalt durch Dialog	Informationserhalt durch Beobachtung	in einer künstlich errichteten Versuchsumgebung werden bestimmte, von einander abhängige Faktoren in unterschiedlichen Versuchen verändert, um deren Verhalten und Auswirkungen zu analysieren	dem gleichen Personenkreis werden mehrmalig und regelmäßig Fragen über das selbe Thema gestellt, auf diese Art und Weise sind Veränderungen im Verbraucherverhalten gut erkennbar (die Auskunft wird jedoch verfälscht, wenn diese etwas vorgeben, was nicht wahr ist oder wenn sie absichtlich ihr Verhalten ändern)
✔ mündlich ✔ schriftlich	✔ persönlich (Beobachtung bekannt) ✔ apparativ (Beobachtung nicht bekannt) ✔ Beobachtung im künstlichen Umfeld ✔ Beobachtung im realen Umfeld		

Abbildung 66: Überblick über die Erhebungsmethoden

weitere Instrumente

- in Produkttests werden ausgewählten Personen Fragen zu einem Produkt gestellt
- in Store-Tests werden Produkte nur in einzelnen Ladengeschäften eingeführt
- in Testmärkte werden Produkte flächendeckend in einer ganzen Region eingeführt

2.7 Vertragsrecht

Ein Vertrag kommt erst zustande, wenn ihm <u>zwei übereinstimmende Willenserklärungen</u> zugrunde liegen. Dabei spielt es keine Rolle, von welcher Seite die erste Willenserklärung kommt.

Bei einem Kaufvertrag entstehen für beide Seiten besondere Pflichten:

- das Verpflichtungsgeschäft hat eine Verpflichtung zu erfüllen, z. B. Lieferung der Ware (Verpflichtung des Verkäufers) oder die Zahlung des Kaufpreises (Verpflichtung des Käufers)

- das Erfüllungsgeschäft dient zum Erfüllen eines Anspruches, den eine Seite hat, z. B. Zahlung des Kaufpreises (Anspruch des Verkäufers) oder die Lieferung der Ware (Anspruch des Käufers)

Pflichten des Verkäufers	Pflichten des Käufers
• Übergebung der Sache • Übertragung des Eigentums • Sache ist in einem mängelfreiem Zustand	• Bezahlung des Kaufpreises • Abnahme der gekauften Sache

Tabelle 26: Pflichten des Verkäufers und des Käufers bei einem Kaufvertrag

Vertragsfreiheit

Bei der Erstellung von Verträgen herrscht Vertragsfreiheit:

- es ist jedem freigestellt, ob man einen Vertrag abschließen will (Abschlussfreiheit)
- es ist jedem freigestellt, welchen Inhalt der Vertrag hat (Gestaltungsfreiheit)

Grenzen des Vertragsrechtes:
- bei einem Formverstoß (§125 BGB) verstößt der Vertrag gegen gesetzlich vorgeschriebene Formen
- bei einem Gesetzesverstoß (§134 BGB) verstößt der Vertrag gegen ein oder mehrere geltende Gesetze
- bei einem Scheingeschäft (§117 BGB) wurde der Vertrag nur zum Schein abgeschlossen
- bei einem Scherzgeschäft (§118 BGB) war der Vertrag nicht ernst gemeint
- bei einem Sittenverstoß (§138 BGB) verstößt der Vertrag gegen die guten Sitten (»Wucher«)
- bei einer Trunkenheit (§105 BGB) wurde der Vertrag in Trunkenheit abgeschlossen
- Willenserklärung von beschränkt Geschäftsfähigen (7 bis 18-jährige) gegen den Willen der Eltern (§108 BGB)
- Willenserklärung von Geschäftsunfähigen (unter 7-jährige) (§104 BGB)

HINWEIS:
Nichtige Rechtsgeschäfte sind von Anfang an ungültig.

2.7.1 Eigentumsvorbehalt

Der Eigentumsvorbehalt (§449 BGB) dient zur Sicherung einer Forderung des Verkäufers gegenüber dem Käufer. Der Verkäufer bleibt so lange Eigentümer der Ware, bis diese komplett bezahlt ist.

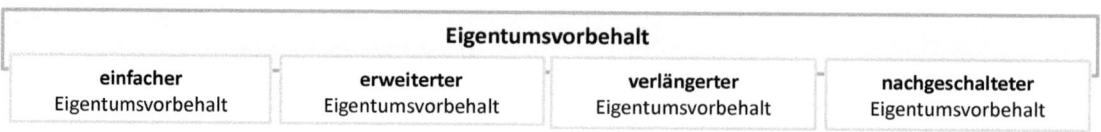

Abbildung 67: Überblick über die Eigentumsvorbehalte

- Beim **einfachen Eigentumsvorbehalt** darf der Käufer die Ware nicht verbrauchen, verschenken, verkaufen oder verarbeiten.

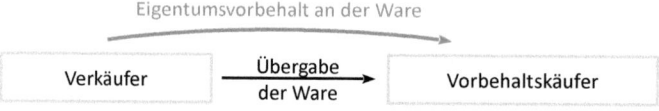

Abbildung 68: einfacher Eigentumsvorbehalt

- Beim **erweiterten Eigentumsvorbehalt** behält sich der Verkäufer das Eigentum für alle an den Käufer gelieferten Waren vor.

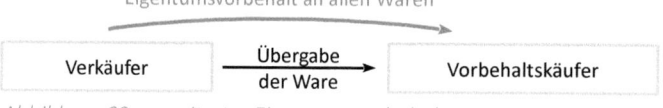

Abbildung 69: erweiterter Eigentumsvorbehalt

- Beim **verlängerten Eigentumsvorbehalt** kann der Vorbehaltskäufer die Ware verkaufen, obwohl er nicht der Eigentümer ist. Der Verkäufer lässt sich den Erlös aus dem Weiterverkauf als Sicherung im Voraus abtreten.

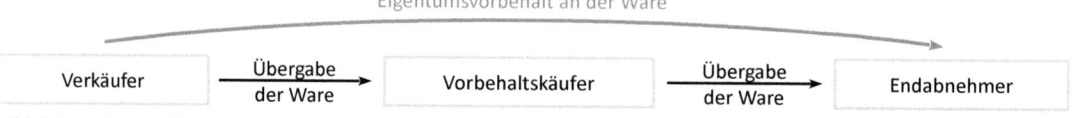

Abbildung 70: verlängerter Eigentumsvorbehalt

- Beim **nachgeschalteten Eigentumsvorbehalt** kann der Vorbehaltskäufer die Ware nur unter Eigentumsvorbehalt weiterverkaufen. Der Verkäufer verliert sein Eigentum, wenn der Vorbehaltskäufer oder der Endabnehmer die Ware bezahlt.

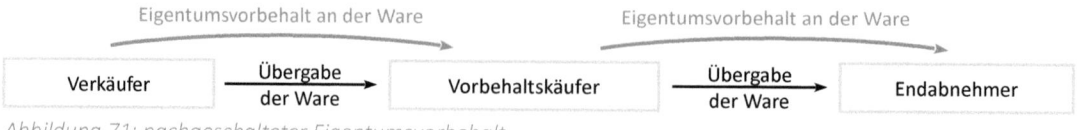

Abbildung 71: nachgeschalteter Eigentumsvorbehalt

2.7.2 Werkvertrag/Werkliefervertrag

Werkvertrag (§§631 – 650 BGB)

Die Materialien, aus denen das Produkt hergestellt wird, werden vom Kunden geliefert. Der Kunde haftet daher für eventuelle Materialfehler. Nimmt der Hersteller den Auftrag an, verpflichtet er sich zur Be- und Verarbeitung und haftet für diese.

Werkliefervertrag (§651 BGB)

Der Hersteller liefert auch das Hauptmaterial und ist nicht nur für die Be- und Verarbeitung verantwortlich, sondern haftet auch bei fehlerhaftem Material.

Beispiel 8: Werkvertrag und Werkliefervertrag

- **Werkvertrag:** Eine Kundin geht mit einem Stück Stoff zum Schneider, um sich eine Bluse nähen zu lassen.
- **Werkliefervertrag:** Eine Kundin geht zum Schneider, um sich eine Bluse nähen zu lassen. Den dazu benötigten Stoff besorgt der Schneider.

2.7.3 Gewährleistung

Sie bestimmt die Rechtsfolgen bzw. Ansprüche bei einem Kaufvertrag, die ein Käufer hat, wenn der Verkäufer eine mangelhafte Ware oder Sache geliefert hat. Der Verkäufer ist so gesetzlich verpflichtet, den entstandenen Mangel zu beseitigen.

 Siehe auch unter 5.5 Gewährleistung auf Seite 150.

Nacherfüllung ist vorrangig und verschuldensunabhängig (§439 BGB ff.)

Käufer kann wählen:
- Nachbesserung
- Neulieferung

liegt ein Verschulden vor, kann zusätzlich Schadensersatz neben der Leistung verlangt werden

nach erfolglosem Ablauf einer Nacherfüllungsfrist (nachrangig)

- nach 2 erfolglosen Nachbesserungsversuchen
- Verkäufer verweigert Nachbesserung/Neulieferung aufgrund unverhältnismäßig hohen Kosten

Rücktritt vom Vertrag *oder* **Minderung**

wenn trotz einer angemessenen Nachfrist:
- Verkäufer die Nacherfüllung verweigert
- nach 2 fehlgeschlagenen Nacherfüllungsversuchen
- unzumutbare Nacherfüllung
- Fixgeschäft (Lieferung zu einem bestimmten Termin)

Schadensersatz statt Leistung *oder* **Ersatz vergeblicher Aufwendungen**

wenn trotz einer angemessenen Nachfrist:
- Verkäufer die Nacherfüllung verweigert
- nach 2 fehlgeschlagenen Nacherfüllungsversuchen
- unzumutbare Nacherfüllung
- Verschulden vorliegt

Abbildung 72: Überblick über die Rechte des Käufers bei mangelhafter Lieferung (§437 BGB)

- Ein Sachmangel (§434 BGB) liegt vor, wenn die erhaltene Ware nicht den zugesicherten Eigenschaften entspricht:
  - die beiliegende Montageanleitung ist mangelhaft (»Ikea-Klausel«)
  - es wurde eine andere Ware geliefert (Hose statt Bluse)
  - es wurde zu wenig geliefert (5 statt 10 Blusen)
  - Ware hat nicht die vereinbarte Beschaffenheit (Kunstleder statt echtes Leder)
  - Ware ist fehlerhaft (Bluse hat ein Loch im Ärmel)
- Ein Rechtsmangel (§435 BGB) liegt vor, wenn ein Dritter in Bezug auf die Ware Rechte geltend machen kann:
  - Verkäufer ist nicht der Eigentümer der Ware
  - verkaufte Ware ist mit einem Pfandrecht belastet

2.7.4 Verjährung der Mängelansprüche

Nach Ablauf einer bestimmten Zeitspanne kann der Verkäufer die Erfüllung eines Mangels verweigern (§438 BGB). Die Verjährung beginnt, sobald die Ware abgeliefert bzw. übergeben wurde. Hat der Verkäufer den Anspruch des Käufers anerkannt, beginnt sie erneut. Während der Zeit einer Hemmung ruht die Verjährung (dieser Zeitraum zählt nicht zur Verjährungsfrist dazu).

- 2 Jahre kaufrechtliche Verjährungsfrist für Mängel
- 3 Jahre bei arglistig verschwiegenen Mängel
- 5 Jahre bei Bauwerksmängel oder Mängel an in Gebäuden eingebauten Sachen
- 30 Jahre bei ins Grundbuch eingetragenem Recht

2.7.5 Unmöglichkeit

Es besteht kein Leistungsanspruch, wenn diese für den Schuldner unmöglich ist (§275 BGB). Ist die Unmöglichkeit auf den Schuldner zurückzuführen, dann hat der Gläubiger das Recht auf Schadensersatz (§823 BGB).

- Bei einer objektiven Unmöglichkeit kann die Leistung von niemandem mehr erbracht werden.
- Bei einer subjektiven Unmöglichkeit (Unvermögen) kann die Leistung zwar von einem Dritten, aber nicht vom Schuldner selbst erbracht werden.
- Bei einer faktischen Unmöglichkeit ist die Leistung nur unter unverhältnismäßigem Aufwand zu erbringen.

• Bei einer persönlichen Unmöglichkeit ist die Leistung persönlich zu erbringen, was aber dieser Person nicht zumutbar wäre.

Beispiel 9: Unmöglichkeiten
- **objektive Unmöglichkeit**: Ein einmaliger Kunstgegenstand wird komplett zerstört.
- **subjektive Unmöglichkeit**: Ein Kunstgegenstand wird von einem Unbekannten beschädigt.
- **faktische Unmöglichkeit**: Eine Spezialmaschine wird per Schiff transportiert, das auf der Fahrt untergeht. Die Bergung wäre niemandem zuzumuten.
- **persönliche Unmöglichkeit**: Eine Sängerin wird am Tag ihres Auftrittes schwer krank.

2.7.6 Allgemeine Geschäftsbedingungen

Als Allgemeine Geschäftsbedingungen (AGB) werden alle für verschiedene Verträge vorformulierten Vertragsbedingungen genannt, die beim Abschluss eines Vertrages gestellt werden (§§305 – 310 BGB).

• AGB werden nicht automatisch Bestandteil des Vertrages (§305 BGB)
• persönliche Absprachen haben Vorrang (§305 b BGB)
• überraschende Klauseln sind nicht wirksam (§305 c BGB)
• Kunde darf nicht benachteiligt werden (§307 BGB)
• gefährliche Klauseln sind je nach Einzelfall unwirksam (§308 BGB)
• absolut verbotene Klauseln sind ohne Einschränkung unwirksam (§309 BGB)

3 MATERIALWIRTSCHAFT

Die Materialwirtschaft umfasst alle Maßnahmen der Planung, Beschaffung, Lagerung, Verteilung, Kontrolle, Entsorgung und Verwaltung von Materialien.

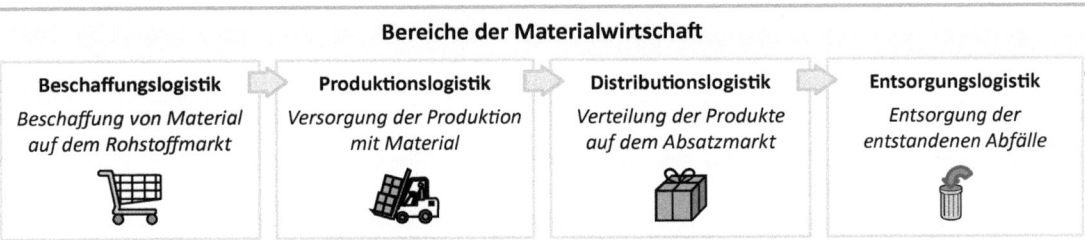

Abbildung 73: Überblick über die Bereiche der Materialwirtschaft

- Die Beschaffungslogistik (Einkauf) steuert und überwacht alle innerbetrieblichen Vorgänge, um erforderliches Material zu beschaffen und es in ein Lager einzulagern.

- Die Produktionslogistik plant, steuert und überwacht alle innerbetrieblichen Transport- oder Lagervorgänge, um die Produktion mit Materialien zu versorgen.

- Die Distributionslogistik steuert und überwacht alle Vorgänge der Distributionspolitik, damit die produzierten Güter zu den Kunden gelangen.

> Siehe auch unter 2.5 Distributionspolitik (Absatzpolitik) auf Seite 65.

- Die Entsorgungslogistik plant, steuert und überwacht alle innerbetrieblichen Vorgänge, um nicht mehr benötigte Materialien (z. B. Abfall) zu verwerten bzw. entsorgen.

Ziele der Materialwirtschaft:

✓ Sachziel (technisch): die Bereitstellung des Materials in der richtigen Art und Qualität zur richtigen Zeit in der erforderlichen Menge am richtigen Ort

✓ Formalziel (wirtschaftlich): Minimierung von Bezugs-, Lager- und Logistikkosten

3.1 Beschaffung

Beschaffung ist der Einkauf von Gütern, Dienstleistungen oder Rechte, die für den betrieblichen Leistungsprozess direkt (z. B. Rohstoffe, Maschinen) oder indirekt (z. B. Papier für die Verwaltung) benötigt werden.

3.1.1 Beschaffungsstrategien

Die Aufgaben und Ziele der Beschaffungsstrategien sind die Sicherstellung der Versorgung des Unternehmens mit allen benötigten Mitteln, um reibungslos produzieren zu können. Dabei sollen die Kosten so gering wie möglich gehalten werden.

Abbildung 74: Überblick über die Beschaffungsstrategien

Einzelbeschaffung

Eine einzelne Bestellung von Material erfolgt erst bei direktem Bedarf, z. B. eine Bestellung für Sondermaterial.

Vorteil der Einzelbeschaffung	Nachteile der Einzelbeschaffung
✓ kein Lagerrisiko	✘ hohe Abwicklungskosten ✘ ungünstige Preise/Konditionen beim Lieferanten

Tabelle 27: Vor- und Nachteile der Einzelbeschaffung

Vorratsbeschaffung

Die Beschaffung erfolgt in größeren Mengen auf Vorrat, die meist in ein Lager eingelagert werden. Durch das Lager wird die Fertigung vom Beschaffungsmarkt entkoppelt und garantiert dem Unternehmen eine Unabhängigkeit vom Lieferanten und Marktgeschehen.

Vorteile der Vorratsbeschaffung	Nachteile der Vorratsbeschaffung
✔ wenn Bedarfsmenge und Bedarfszeitpunkt nicht genau geplant werden können ✔ Minimierung von Produktionsstörungen durch Lieferengpässe ✔ Nutzung von Mengenrabatte aufgrund hoher Abnahmemengen oder Bestellhäufigkeit	✖ hohe Kapitalbindung ✖ hohe Zins- und Lagerhaltungskosten ✖ Gefahr der Veralterung der Lagerbestände

Tabelle 28: Vor- und Nachteile der Vorratsbeschaffung

Bestellpunktverfahren

Unterschreitet der Lagerbestand den Meldebestand, so wird die Bestellung ausgelöst. Es wird dabei immer die gleiche Bestellmenge (optimale Bestellmenge) bestellt. Die unterschiedlichen Bestellzeitpunkte sind dabei abhängig vom Verbrauch.

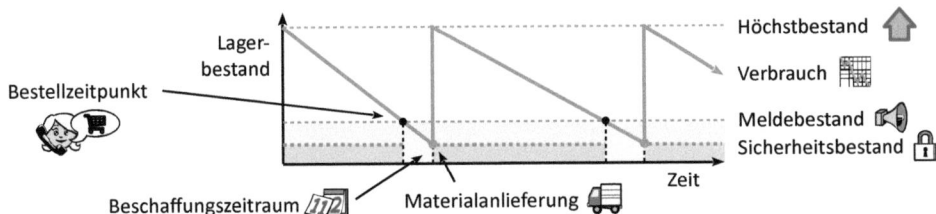

Abbildung 75: Bestellpunktverfahren

 Siehe auch unter Bestellmengenrechnung auf Seite 86.

Vorteile des Bestellpunktverfahrens	Nachteil des Bestellpunktverfahrens
✔ niedrige Mindestbestände aufgrund ständiger Bestandsüberprüfung ✔ Produktionsbereitschaft wird gewährleistet	✖ ständige Bestandskontrolle erforderlich

Tabelle 29: Vor- und Nachteile des Bestellpunktverfahrens

Bestellrhythmusverfahren

Festgelegte Termine in einem bestimmten Intervall (Rhythmus) veranlassen die Bestellung. Es wird immer zum gleichen Bestellzeitpunkt bestellt, aber in verschiedenen Bestellmengen, abhängig vom Verbrauch.

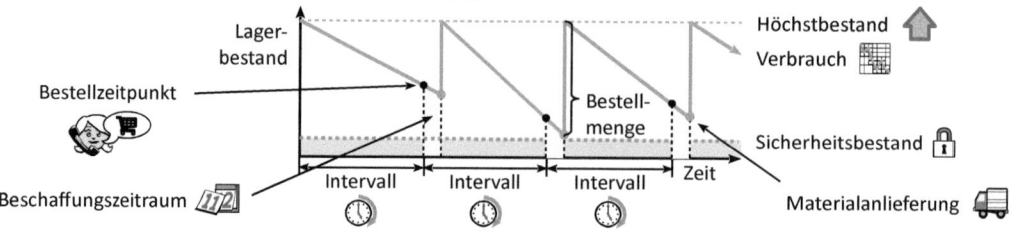

Abbildung 76: Bestellrhythmusverfahren

Vorteil des Bestellrhythmusverfahrens	Nachteile des Bestellrhythmusverfahrens
✔ geringer Kontrollaufwand	✖ Gefahr von zu hohen/niedrigen Beständen ✖ höhere Mindestbestände erforderlich

Tabelle 30: Vor- und Nachteile des Bestellrhythmusverfahrens

Just-in-Time (»gerade zur richtigen Zeit«)

Eine bedarfsorientierte Beschaffung, bei der das benötigte Material erst dann in der erforderlichen Menge bereitgestellt wird, wenn der Bedarf auch tatsächlich besteht.

Voraussetzungen für reibungsloses Just-in-Time:
• konstanter und planbarer Bedarf
• Produkt ist noch lange auf dem Markt verfügbar
• sorgfältige Auswahl und Kontrolle des Lieferanten

Vorteile von Just-in-Time	Nachteile von Just-in-Time
✔ Erhöhung der Produktivität ✔ Senkung des Lagerbestandes	✖ Abhängigkeit vom Lieferanten ✖ hohe Kosten durch viele kleine Lieferungen

Tabelle 31: Vor- und Nachteile von Just-in-Time

weitere Beschaffungsstrategien

Alle nicht wertschöpfenden Vorgänge beim Kunden (z. B. Warenannahme oder Eingangsprüfung) werden vom Lieferant durchgeführt. Er stellt die Lieferung zusammen und liefert sie ohne Eingangskontrolle direkt an den entsprechenden Ort.

- bei Ship-to-stock liefert der Lieferant die Ware direkt in das <u>Lager</u> des Kunden
- bei Ship-to-line liefert der Lieferant die Ware direkt an die <u>Fertigungslinie</u> des Kunden
- Bei Line-to-line erfolgt die Lieferung von der <u>Fertigungslinie des Lieferanten</u> direkt an die <u>Fertigungslinie des Kunden</u>

3.1.2 Beschaffungswege

Sie beschreiben die Art und Weise, wie etwas beschafft werden kann:

Beschaffungswege	Merkmale
dezentrale Beschaffung	jede Stelle beschafft das benötigte Material selbst
zentrale Beschaffung	eine zentrale Stelle beschafft alles
direkte Beschaffung	Bestellung direkt beim Hersteller
indirekte Beschaffung	Bestellung über Zwischenstationen (z. B. Handel)
Einkaufskooperation	mehrere Abnehmer schließen sich zusammen
Mischform	zentrale Beschaffung, aber Material kann bei Bedarf zusätzlich selbst beschafft werden

Tabelle 32: Arten der Beschaffungswege

3.1.3 Verbrauchsverläufe

Sie beschreiben den Verlauf des Verbrauches und sind somit die Grundlage für die Beschaffungsplanung:

- beim Konstantmodell ist der Verbrauch weitgehend konstant ohne große Schwankungen. Der Verbrauch lässt sich sehr gut planen

- beim Trendmodell steigt der Verbrauch an oder fällt ab. Sind diese Veränderungen bekannt, lässt sich der Verbrauch dennoch gut planen

- beim Saisonmodell unterliegt der Verbrauch saisonalen Schwankungen. Sind diese bekannt, lässt sich der Verbrauch dennoch gut planen

- beim Unregelmäßigkeitsmodell ist der Verbrauch sehr ungleichmäßig mit teilweisen großen Schwankungen. Der Verbrauch lässt sich nur sehr schwer planen

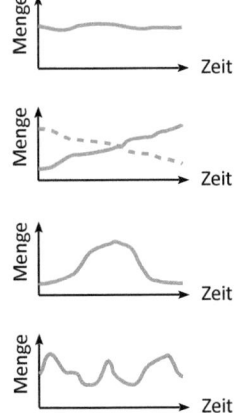

3.2 Materialrechnung

Bruttobedarfsrechnung

Der Bruttobedarf ist die Summe aus Primär-, Sekundär- und Tertiärbedarf (<u>das wird benötigt, unabhängig, ob es schon vorhanden ist oder nicht</u>).

Bruttobedarf [Mengeneinheit] =   *das wird insgesamt benötigt*

  Primärbedarf (Bedarf an verkaufsfähigen Erzeugnissen (z. B. eine
  Bluse); diese Menge soll verkauft werden)
+ Sekundärbedarf (Bedarf an Teilen und Baugruppen für die
  Herstellung des Primärbedarfes, z. B. alle Teile für die Blusen)
+ Tertiärbedarf (Bedarf an Hilfs- und Betriebsstoffen)

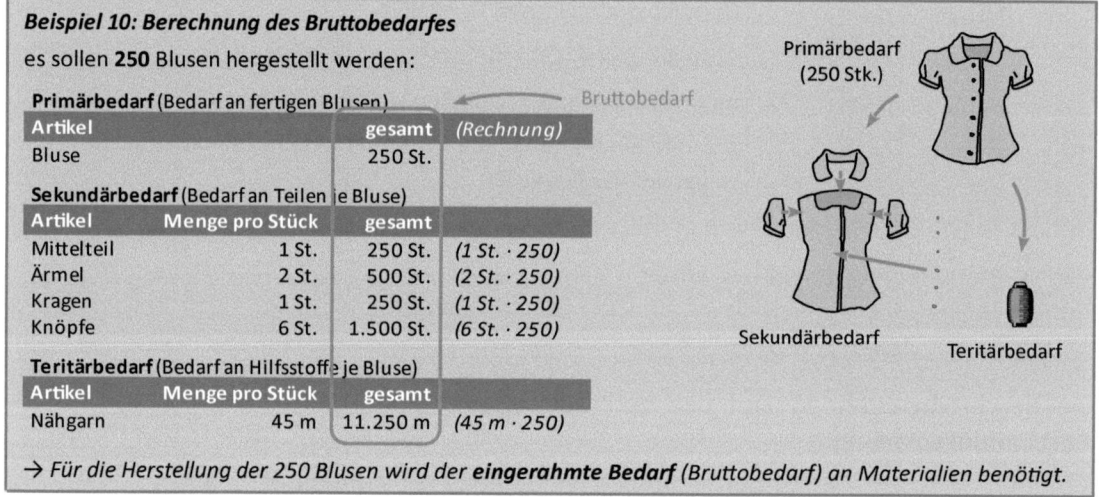

Beispiel 10: Berechnung des Bruttobedarfes

es sollen **250** Blusen hergestellt werden:

Primärbedarf (Bedarf an fertigen Blusen)

Artikel	gesamt	(Rechnung)
Bluse	250 St.	

Sekundärbedarf (Bedarf an Teilen je Bluse)

Artikel	Menge pro Stück	gesamt	
Mittelteil	1 St.	250 St.	(1 St. · 250)
Ärmel	2 St.	500 St.	(2 St. · 250)
Kragen	1 St.	250 St.	(1 St. · 250)
Knöpfe	6 St.	1.500 St.	(6 St. · 250)

Teritärbedarf (Bedarf an Hilfsstoffe je Bluse)

Artikel	Menge pro Stück	gesamt	
Nähgarn	45 m	11.250 m	(45 m · 250)

→ *Für die Herstellung der 250 Blusen wird der **eingerahmte Bedarf** (Bruttobedarf) an Materialien benötigt.*

Primärbedarf (250 Stk.)

Sekundärbedarf

Teritärbedarf

Nettobedarfsrechnung

Der Nettobedarf ist die Differenz zwischen Bruttobedarf und dem verfügbaren Lagerbestand. Diese Menge muss noch beschafft werden (<u>das wird noch benötigt</u>).

Nettobedarf [Mengeneinheit] =   *das wird noch benötigt*

  Bruttobedarf (das wird insgesamt benötigt)
+ Zusatzbedarf (Bedarf an Ersatz- und Verschleißteilen)
− verfügbare Lager-/Bestellbestände sowie Fertigungsbestände

Beispiel 11: Berechnung des Nettobedarfes

es sollen 250 Blusen hergestellt werden:

	Mittelteil	Ärmel	Kragen	Knöpfe	Nähgarn
Bruttobedarf	250 St.	500 St.	250 St.	1.500 St.	11.250 m
+ Zusatzbedarf (4 %)	10 St.	20 St.	10 St.	60 St.	450 m
− Lagerbestand	-138 St.	-60 St.	-161 St.	-772 St.	-21.900 m
= Nettobedarf	122 St.	460 St.	99 St.	788 St.	-10.200 m

→ *Für die Herstellung der 250 Blusen werden noch **122 Mittelteile, 460 Ärmel, 99 Kragen** und **788 Knöpfe** benötigt. Vom **Nähgarn** ist noch **genügend vorhanden**, es muss nicht besorgt werden.*

Materialbedarfsrechnung

Berechnet die benötigte Menge an Material (Bedarf), die für ein Produkt bzw. mehrere Produkte benötigt wird. Als Grundlage dienen dabei Stücklisten, aus denen der Bedarf abgelesen bzw. errechnet wird.

Um den Materialbedarf der einzelnen Teile zu berechnen, wird bei der niedrigsten (unteren) Ebene angefangen und dann entsprechend der benötigten Anzahl nach oben bis zur obersten Ebene multipliziert.

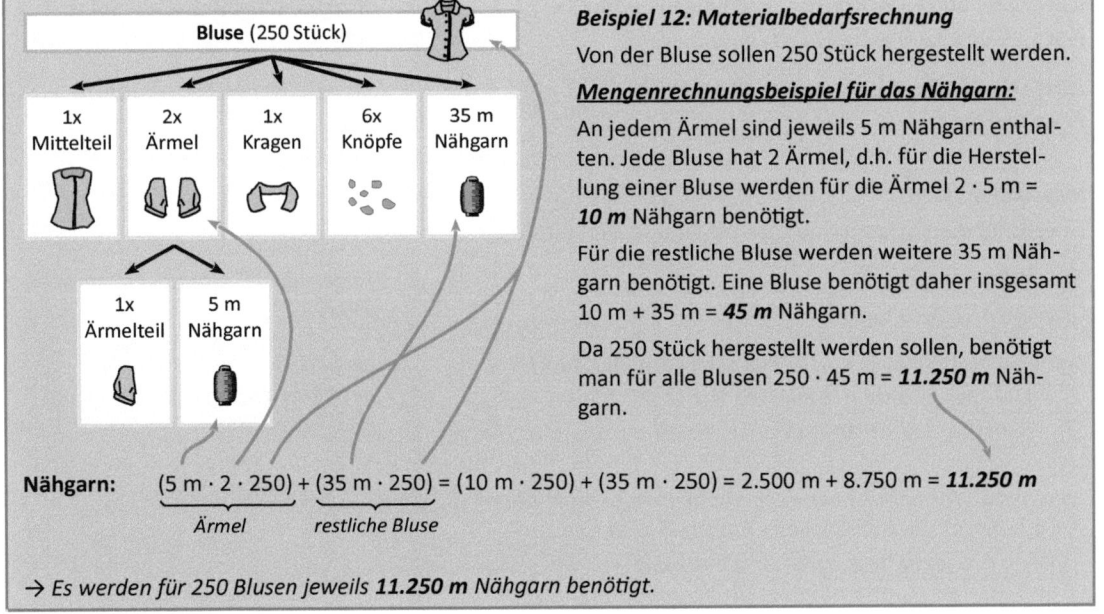

Beispiel 12: Materialbedarfsrechnung

Von der Bluse sollen 250 Stück hergestellt werden.

Mengenrechnungsbeispiel für das Nähgarn:

An jedem Ärmel sind jeweils 5 m Nähgarn enthalten. Jede Bluse hat 2 Ärmel, d.h. für die Herstellung einer Bluse werden für die Ärmel 2 · 5 m = **10 m** Nähgarn benötigt.

Für die restliche Bluse werden weitere 35 m Nähgarn benötigt. Eine Bluse benötigt daher insgesamt 10 m + 35 m = **45 m** Nähgarn.

Da 250 Stück hergestellt werden sollen, benötigt man für alle Blusen 250 · 45 m = **11.250 m** Nähgarn.

Nähgarn: (5 m · 2 · 250) + (35 m · 250) = (10 m · 250) + (35 m · 250) = 2.500 m + 8.750 m = **11.250 m**

Ärmel   restliche Bluse

→ *Es werden für 250 Blusen jeweils **11.250 m** Nähgarn benötigt.*

3.2.1 Bestellmengenrechnung

Es wird die kostengünstigste Bestellmenge errechnet, da mit jeder Bestellung noch weitere Kosten entstehen.

Beschaffungskosten [€] = Jahresbedarf · Einstandspreis	Kosten, die das benötigte Material im Jahr kostet
Beschaffungskosten [€] = Kosten pro Bestellung · Anzahl der Bestellungen	Kosten, die für alle Bestellungen in einer Periode anfallen
bestellfixe Kosten; Bestellkosten [€] = Anzahl Bestellungen · Bestellkosten	Kosten, die für alle Bestellungen in einer Periode anfallen
Bestellkosten pro Bestellung K_B [€] = $\dfrac{\text{Summe der Bestellkosten pro Periode}}{\text{Anzahl der Bestellungen pro Periode}}$	Kosten, die bei einer Bestellung anfallen
Bestellhäufigkeit; Anzahl an Bestellungen [Anzahl] = $\dfrac{\text{Gesamtbedarf}}{\text{Bestellungmenge}}$	Anzahl, wie oft in einer Periode bestellt wird
Bestellmenge [Stück] = $\dfrac{\text{Gesamtbedarf}}{\text{Anzahl an Bestellungen (Bestellhäufigkeit)}}$	Menge, die bei einer Bestellung bestellt wird
bewerteter durchschnittlicher Lagerbestand [Stück] = durchschnittlicher Lagerbestand · Einstandspreis	Wert, der durchschnittlich im Lager liegt
durchschnittlicher Lagerbestand (ØLB) [Stück] = $\dfrac{\text{Bestellmenge}}{2}$	Menge, die durchschnittlich im Lager liegt
Lagerkosten [€] = bewerteter durchschnittlicher Lagerbestand · Lagerkostensatz	Kosten, die die Lagerhaltung verursacht
Gesamtkosten [€] = Lagerkosten + Bestellkosten	Kosten, die insgesamt verursacht werden
optimale Bestellmenge x_{opt} (Andler'sche Formel) [Stück] = $\sqrt{\dfrac{200 \cdot \text{Bestellkosten} \cdot \text{Gesamtbedarf}}{\text{Bezugspreis} \cdot \text{Lagerkostensatz } \textbf{\textit{(in Prozent)}}}}$	die Bestellmenge, bei der die Bestellkosten und Lagerkosten am Niedrigsten sind
alternative Formel, wenn der Lagerkostensatz in Dezimalform (0,...) angegeben ist → *aus der 200 im Zähler (oberer Bruchteil) wird eine 2* $\sqrt{\dfrac{2 \cdot \text{Bestellkosten} \cdot \text{Gesamtbedarf}}{\text{Bezugspreis} \cdot \text{Lagerkostensatz \textbf{(in Dezimalform [0,...])}}}}$	

Beispiel 13: Rechnerische Lösung der optimalen Bestellmenge

Gesamtbedarf: 60.000 St.; Bestellkosten: 220 €; Lagerkostensatz 15 % (= 0,15); Bezugspreis: 8 €/St.

tabellarische Lösung:

Bestellmenge	Bestellhäufigkeit	Ø Lagerbestand	Lagerkosten	Bestellkosten	Gesamtkosten
1.000 St.	60	500 St.	600 €	13.200 €	13.800 €
2.000 St.	30	1.000 St.	1.200 €	6.600 €	7.800 €
3.000 St.	20	1.500 St.	1.800 €	4.400 €	6.200 €
4.000 St.	15	2.000 St.	2.400 €	3.300 €	5.700 €
5.000 St.	12	2.500 St.	3.000 €	2.640 €	5.640 €
6.000 St.	10	3.000 St.	3.600 €	2.200 €	5.800 €

Berechnung für 5.000 St.:

Bestellhäufigkeit: $\dfrac{Gesamtbedarf}{Bestellungmenge} = \dfrac{60.000\ St.}{5.000\ St.} = 12$

Ø Lagerbestand: $\dfrac{Bestellmenge}{2} = \dfrac{5.000\ St.}{2} = 2.500\ St.$

bewerteter Ø Lagerbestand: Ø Lagerbestand · Einstandspreis = 2.500 St. · 8 €/St. = 20.000 €

Lagerkosten: bewerteter Ø Lagerbestand · Lagerkostensatz = 20.000 € · 0,15 = 3.000 €

Bestellkosten: Anzahl Bestellungen · Bestellkosten = 12 · 220 € = 2.640 €

Gesamtkosten: Lagerkosten + Bestellkosten = 3.000 € + 2.640 € = 5.640 €

rechnerische Lösung:

$$x_{opt}: \sqrt{\frac{\mathbf{200} \cdot Bestellkosten \cdot Gesamtbedarf}{Bezugspreis \cdot \mathbf{Lagerkostensatz\ (Prozent)}}} = \sqrt{\frac{\mathbf{200} \cdot 220\ € \cdot 60.000\ St.}{8\ € \cdot \mathbf{15}}} = 4.690,4157...\ St. \approx 4.690\ St.$$

→ *Die optimale Bestellmenge beträgt **4.690** Stück.*

HINWEIS:
Die tabellarische Lösung wird um so genauer, je kleiner die Auflösung der Bestellmenge wird. Wird in Beispiel 13 die Bestellmenge in 500er-Schritten berechnet, so würde der niedrigste Wert von 5.633 € bei 4.500 Stück liegen, das dem Ergebnis der rechnerischen Lösung (4.690 Stück) sehr nahe kommt.

optimale Losgröße
*Ähnlich der optimalen Bestellmenge ist die **optimale Losgröße**, bei der die Rüstkosten und Lagerkosten am Niedrigsten sind. Die optimale Losgröße ist für Unternehmen mit einer Fertigung von großer Bedeutung, um den Fertigungsprozess wirtschaftlich zu halten.*
Die Formel entspricht weitgehend der Formel der optimalen Bestellmenge: anstelle der Bestellkosten werden die Fixkosten (z. B. anfallende Rüstkosten pro Rüstvorgang) angesetzt. Statt dem Bezugspreis je Mengeneinheit werden die Herstellungskosten je Mengeneinheit verwendet.

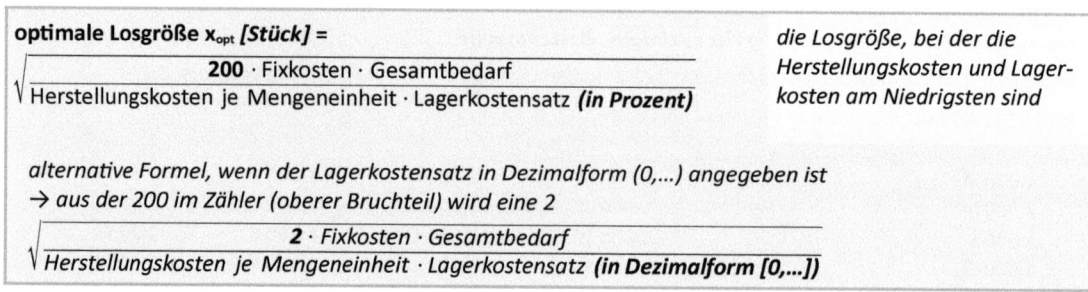

optimale Losgröße x$_{opt}$ *[Stück]* =

$$\sqrt{\frac{200 \cdot \text{Fixkosten} \cdot \text{Gesamtbedarf}}{\text{Herstellungskosten je Mengeneinheit} \cdot \text{Lagerkostensatz } \textit{(in Prozent)}}}$$

die Losgröße, bei der die Herstellungskosten und Lagerkosten am Niedrigsten sind

alternative Formel, wenn der Lagerkostensatz in Dezimalform (0,…) angegeben ist
→ aus der 200 im Zähler (oberer Bruchteil) wird eine 2

$$\sqrt{\frac{2 \cdot \text{Fixkosten} \cdot \text{Gesamtbedarf}}{\text{Herstellungskosten je Mengeneinheit} \cdot \text{Lagerkostensatz } \textbf{(in Dezimalform [0,…])}}}$$

HINWEIS:
Die Herstellungskosten sind dabei ohne Rüstkosten anzugeben, da diese in den Fixkosten bereits enthalten sind.

Grafische Darstellung der optimalen Bestellmenge bzw. optimalen Losgröße

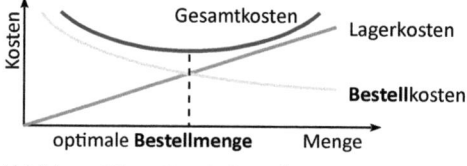

Abbildung 77: optimale Bestellmenge

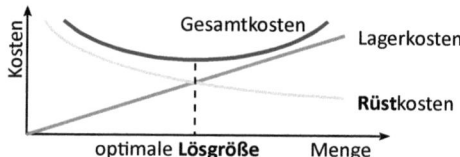

Abbildung 78: optimale Losgröße

3.2.2 ABC-Analyse

Ein Analyseverfahren von Gütern, Produkten, Kunden etc., die dabei in Klassen eingeteilt werden. Die Produkte, die den meisten Umsatz einbringen, bilden die Klasse A. Die Produkte, die am Wenigsten einbringen, bilden Klasse C. Dabei weist die Klasse A den höchsten Wert auf, ist aber mengenmäßig am Wenigsten vertreten, Klasse C verhält sich entgegengesetzt (kleiner Wert bei großer Menge).

Ziele der ABC-Analyse:
- Arbeitsaufwand von geringwertigen Klasse C-Produkten auf hochwertige Klasse A-Produkte verlagern
- Fokus auf wirtschaftlich wichtige Bereiche setzen
- Kosten sparen
- Wichtiges vom Unwichtigen trennen

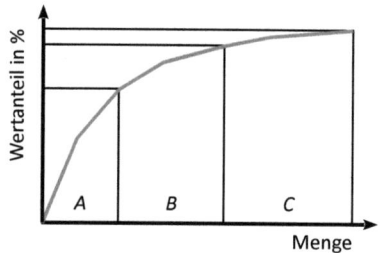

Abbildung 79: Klassifizierungsgrenzen

übliche Klassifizierungsgrenzen

Klasse	Wertkriterium	Mengengrenzen	kumuliert (aufsummiert)
Klasse A	60 % bis 80 %	10 % bis 20 %	0 % bis 80 %
Klasse B	10 % bis 20 %	30 % bis 35 %	80 % bis 95 %
Klasse C	5 % bis 10 %	40 % bis 70 %	95 % bis 100 %

Tabelle 33: übliche Klassifizierungsgrenzen (jedes Unternehmen kann die Prozentzahlen selbst festlegen)

Ablauf der ABC-Analyse:
1. Kosten der einzelnen Materialpositionen ermitteln
2. Gesamtwert der Kosten bilden
3. Kosten absteigend sortieren
4. prozentualer Anteil der einzelnen Materialpositionen berechnen
5. prozentuale Anteile kumulieren (aufsummieren)
6. Klassifizierung (A/B/C) anhand der gewählten Klassifizierungsgrenzen vornehmen

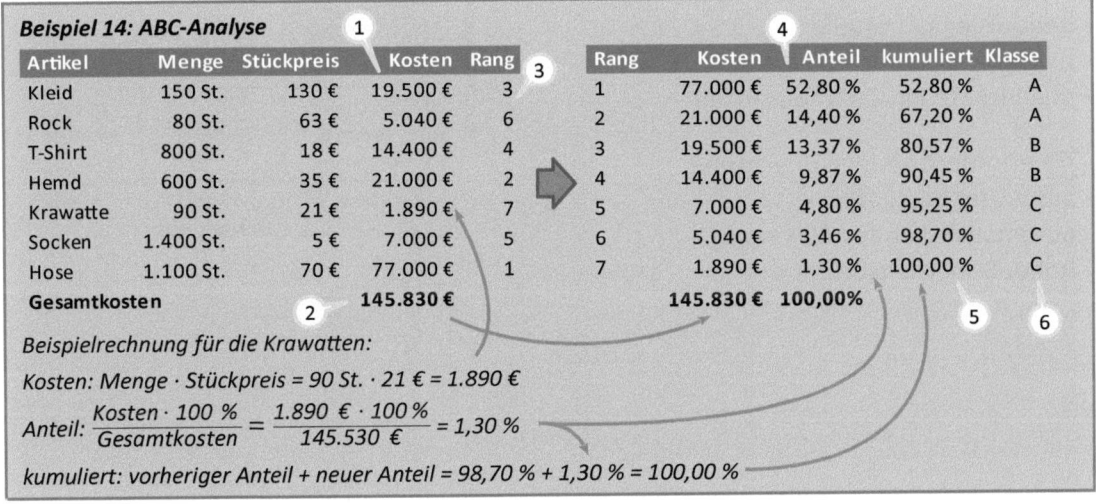

Beispiel 14: ABC-Analyse

Artikel	Menge	Stückpreis	Kosten	Rang
Kleid	150 St.	130 €	19.500 €	3
Rock	80 St.	63 €	5.040 €	6
T-Shirt	800 St.	18 €	14.400 €	4
Hemd	600 St.	35 €	21.000 €	2
Krawatte	90 St.	21 €	1.890 €	7
Socken	1.400 St.	5 €	7.000 €	5
Hose	1.100 St.	70 €	77.000 €	1
Gesamtkosten			**145.830 €**	

Rang	Kosten	Anteil	kumuliert	Klasse
1	77.000 €	52,80 %	52,80 %	A
2	21.000 €	14,40 %	67,20 %	A
3	19.500 €	13,37 %	80,57 %	B
4	14.400 €	9,87 %	90,45 %	B
5	7.000 €	4,80 %	95,25 %	C
6	5.040 €	3,46 %	98,70 %	C
7	1.890 €	1,30 %	100,00 %	C
	145.830 €	**100,00%**		

Beispielrechnung für die Krawatten:

Kosten: Menge · Stückpreis = 90 St. · 21 € = 1.890 €

$$\text{Anteil:} \frac{\text{Kosten} \cdot 100\ \%}{\text{Gesamtkosten}} = \frac{1.890\ € \cdot 100\ \%}{145.530\ €} = 1,30\ \%$$

kumuliert: vorheriger Anteil + neuer Anteil = 98,70 % + 1,30 % = 100,00 %

HINWEIS:
Die Zahlen in den Kreisen (1) entsprechen der Bearbeitungsreihenfolge, wie sie oben beschrieben ist.

XYZ-Analyse

Ein Verfahren, bei dem Artikel nach ihrer Umsatzregelmäßigkeit (Verbrauch und dessen Vorhersagbarkeit) klassifiziert werden.

	X-Güter	Y-Güter	Z-Güter
Schwankungen	gering	mittelstark	stark
Prognosegenauigkeit	gut bis sehr gut	eingeschränkt	keine
Sicherheitsbestand	niedrig	hoch	nach Bedarf
Beschaffungsaktivitäten	sehr umfangreich	umfangreich	gering

Tabelle 34: Kriterien der XYZ-Analyse

XYZ/ABC-Analyse

Eine Kombination aus XYZ-Analyse und ABC-Analyse.

erfordern hohe Beachtung:

- bedarfsgenau bestellen
- niedriger Sicherheitsbestand
- qualifizierte Einkäufer einsetzen

erfordern geringe Beachtung:

- auf Vorrat beschaffen
- automatisierter Bestellvorgang
- hoher Sicherheitsbestand

Vorhersagegenauigkeit / **Einkaufswert**	hoch	mittel	niedrig
hoch	XA-Güter *Just-in-Time*	XB-Güter	XC-Güter *verbrauchs-gesteuert*
mittel	YA-Güter	YB-Güter	YC-Güter
niedrig	ZA-Güter *bedarfs-gesteuert*	ZB-Güter	ZC-Güter *Programm-bereinigung*

Abbildung 80: XYZ/ABC-Analyse

3.2.3 Bedarfsermittlung

Sie plant und errechnet den zukünftigen Bedarf an benötigtem Material.

Arten der Bedarfsermittlung

deterministisch	**stochastisch**	**heuristisch**
exakte Verbrauchsvorgabe	*vergangenheitsbezogen* ✓ Mittelwertbildung ✓ exponentielle Glättung	*schätzen*

Abbildung 81: Überblick über die Arten der Bedarfsermittlung

- Die deterministische Bedarfsermittlung kann nur angewendet werden, wenn der exakte Primärbedarf bekannt ist. Sie kann analytisch (mittels Stücklisten) oder synthetisch (mittels Verwendungsnachweise) erfolgen.

- Die stochastische Bedarfsermittlung kann angewendet werden, wenn lediglich die Verbrauchsdaten aus der Vergangenheit vorliegen, aus denen durch verschiedene Methoden der zukünftige Bedarf abgeleitet wird.

  - Bei der Mittelwertbildung wird aus Verbrauchsdaten mehrerer Perioden ein Durchschnittswert gebildet, der den Vorhersagewert für die zukünftige Periode bildet.

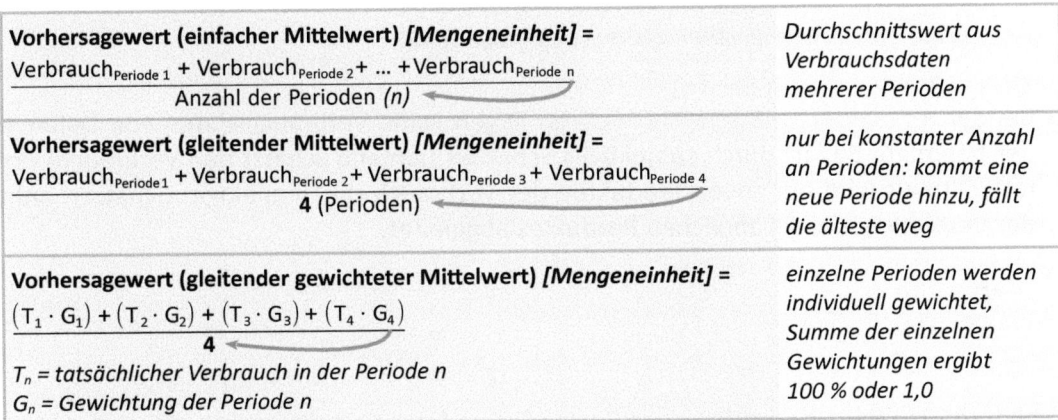

Vorhersagewert (einfacher Mittelwert) [Mengeneinheit] = $$\frac{\text{Verbrauch}_{\text{Periode 1}} + \text{Verbrauch}_{\text{Periode 2}} + \ldots + \text{Verbrauch}_{\text{Periode n}}}{\text{Anzahl der Perioden }(n)}$$	*Durchschnittswert aus Verbrauchsdaten mehrerer Perioden*
Vorhersagewert (gleitender Mittelwert) [Mengeneinheit] = $$\frac{\text{Verbrauch}_{\text{Periode 1}} + \text{Verbrauch}_{\text{Periode 2}} + \text{Verbrauch}_{\text{Periode 3}} + \text{Verbrauch}_{\text{Periode 4}}}{4 \text{ (Perioden)}}$$	*nur bei konstanter Anzahl an Perioden: kommt eine neue Periode hinzu, fällt die älteste weg*
Vorhersagewert (gleitender gewichteter Mittelwert) [Mengeneinheit] = $$\frac{\left(T_1 \cdot G_1\right) + \left(T_2 \cdot G_2\right) + \left(T_3 \cdot G_3\right) + \left(T_4 \cdot G_4\right)}{4}$$ T_n = tatsächlicher Verbrauch in der Periode n G_n = Gewichtung der Periode n	*einzelne Perioden werden individuell gewichtet, Summe der einzelnen Gewichtungen ergibt 100 % oder 1,0*

Beispiel 15: gleitender Mittelwert

Verbrauchsdaten: Periode 1: 252 St.; Periode 2: 219 St.; Periode 3: 161 St.; Periode 4: 185 St.;

Vorhersagewert:
$$\frac{\text{Verbrauch}_{\text{P1}} + \text{Verbrauch}_{\text{P2}} + \text{Verbrauch}_{\text{P3}} + \text{Verbrauch}_{\text{P4}}}{4 \text{ Perioden}} = \frac{252\,\text{St.} + 219\,\text{St.} + 161\,\text{St.} + 185\,\text{St.}}{4}$$

$$= \frac{817\,\text{St.}}{4} = 204{,}25\,\text{St.}$$

→ Der Vorhersagewert für die Periode 5 beträgt **204,25 Stück**.

- Bei der exponentiellen Glättung wird der geschätzte Vorhersagewert mit dem tatsächlichen Verbrauch verglichen. Die entstandene Abweichung wird über einen Glättungsfaktor α (Alpha; Werte 0,1 – 0,4) gewichtet (α ist von saisonalen Schwankungen abhängig: große Schwankungen: kleiner α-Wert; kleine Schwankungen: großer α-Wert)

Vorhersagewert [Mengeneinheit] = $\text{Vorhersagewert}_{\text{alt}} + \text{Glättungsfaktor } \alpha \cdot (\text{tatsächlicher Verbrauch} - \text{Vorhersagewert}_{\text{alt}})$

→ siehe Berechnungsbeispiel auf der nächsten Seite

> **Beispiel 16: exponentielle Glättung**
>
> *Verbrauchsdaten: Periode 1: 252 St., Periode 2: 219 St., Periode 3: 161 St.; Periode 4: 185 St.; α: 0,2*
>
> Vorhersagewert: $\text{Vorhersagewert}_{alt} + \alpha \cdot (\text{tatsächlicher Verbrauch} - \text{Vorhersagewert}_{alt})$
>
> $\text{Vorhersagewert}_{\text{Periode 2}}: 252 + 0,2 \cdot (252 - 252) = 252 + 0,2 \cdot 0 = 252$
>
> $\text{Vorhersagewert}_{\text{Periode 3}}: 252 + 0,2 \cdot (219 - 252) = 252 + 0,2 \cdot (-33) = 252 - 6,6 = 245,4$
>
> $\text{Vorhersagewert}_{\text{Periode 4}}: 245,4 + 0,2 \cdot (161 - 245,4) = 245,4 + 0,2 \cdot (-84,4) = 245,4 - 16,88 = 228,5$
>
> $\text{Vorhersagewert}_{\text{Periode 5}}: 228,5 + 0,2 \cdot (185 - 228,5) = 228,5 + 0,2 \cdot (-43,5) = 228,5 - 8,7 = 219,8$
>
> → *Der Vorhersagewert für die Periode 5 beträgt **219,8 Stück**.*

- Bei der heuristischen Bedarfsermittlung liegen keine Verbrauchsdaten vor. Daher wird der benötigte Bedarf durch subjektives Schätzen (jemand schätzt den Verbrauch) ermittelt. Oftmals wird bei neuen Produkten der Verbrauch durch analoges Schätzen anhand des Verbrauches eines ähnlichen Produktes abgeleitet.

3.2.4 Bestandsplanungsstrategien

Abhängig von der Überprüfung des Bestandes und der Bestellmenge lassen sich verschiedene Strategien der Bestandsplanung ableiten:

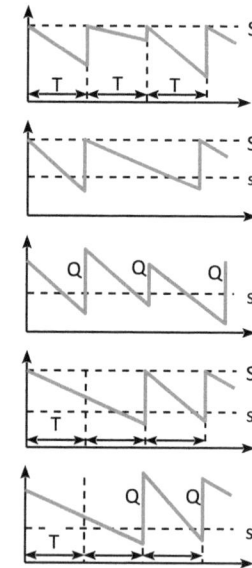

- Bei der S-T-Strategie wird der Bestand in festen Zeitintervallen T überprüft. Weist der Bestand dabei einen Minderbestand auf, wird wieder auf den Grundbestand S aufgefüllt.

- Bei der s-S-Strategie wird der Bestand nach jeder Entnahme überprüft. Unterschreitet der Bestand dabei den Bestellpunkt s, wird wieder auf den Grundbestand S aufgefüllt.

- Bei der s-Q-Strategie wird der Bestand nach jeder Entnahme überprüft. Unterschreitet der Bestand dabei den Bestellpunkt s, wird in der kostenoptimalen Bestellmenge Q bestellt.

- Bei der s-S-T-Strategie wird der Bestand in festen Zeitintervallen T überprüft. Unterschreitet der Bestand dabei den Bestellpunkt s, wird wieder auf den Grundbestand S aufgefüllt.

- Bei der s-Q-T-Strategie wird der Bestand in festen Zeitintervallen T überprüft. Unterschreitet der Bestand dabei den Bestellpunkt s, wird in der kostenoptimalen Bestellmenge Q bestellt.

3.2.5 Lieferantenauswahl

Die Wahl des Lieferanten zieht später bedeutende Folgen mit sich. Man sollte sich daher bei der Auswahl eines geeigneten Lieferanten nicht nur am Preis orientieren.

Weitere wichtige Kriterien für die Auswahl eines Lieferanten können sein:
- **Qualität**: z. B. Zertifizierungen, Spezialisierungen, Stand der Technik
- **Service**: z. B. Lieferzeiten, Kommunikationswege
- **Sonstiges**: z. B. Referenzen, Image, Liquidität

| Identifikation | Eingrenzung | Auswahl | Verhandlung | Vertrag |

Abbildung 82: Prozess der Lieferantenauswahl

Beschaffungsstrategien in Abhängigkeit des Lieferanten:
- bei **Single Sourcing** wird die Ware nur von einem Lieferanten bezogen
- bei **Dual/Double Sourcing** wird die Ware von zwei Lieferanten bezogen
- bei **Multiple Sourcing** wird ständig nach dem günstigsten Lieferanten gesucht
- bei **Modular Sourcing** werden bereits vorgefertigte Module bezogen
- bei **Global Sourcing** werden Gütern von Lieferanten auf der ganzen Welt bezogen

3.2.6 Stücklisten

Stücklisten sind tabellarische Auflistungen, die zeigen, wo und in welchen Mengen Rohmaterialien, Einzelteile und Baugruppen in das Endprodukt eingehen.

Aufgaben einer Stückliste:
- Mengenbestimmung
- Strukturdarstellung eines Produktes

Stückliste			TWAG Textilwerke AG
Teilenummer	250 284		
Bezeichnung	Bluse		
Teilenummer	Bezeichnung	Einheit	Menge
161 081	Mittelteil	St.	1
160 181	Ärmel	St.	2
210 985	Kragen	St.	1
290 990	Knöpfe	St.	6
050 690	Nähgarn	m	45

Abbildung 83: Stückliste

Abbildung 84: Überblick über die Arten von Stücklisten

- Eine Mengenstückliste gibt an, welche Einzelteile in einem Produkt enthalten sind. Sind Baugruppen in dem Produkt enthalten, so werden diese nicht als Ganzes, sondern auch in ihren Einzelteilen angegeben.

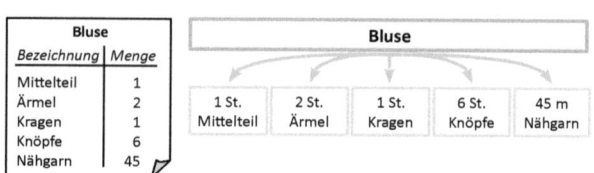

Abbildung 85: Mengenstückliste einer Bluse

- Eine Strukturstückliste ist eine Auflistung nach der fertigungstechnischen Struktur. Sie zeigt, in welcher Fertigungsstufe eine Baugruppe oder ein Einzelteil vorhanden ist.

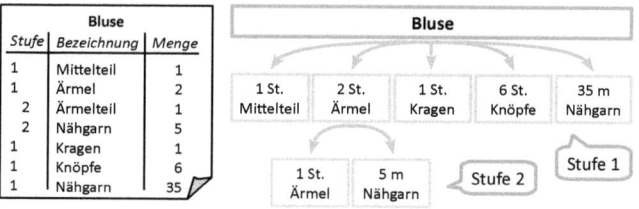

Abbildung 86: Strukturstückliste mit Erzeugnisbaum

- Eine Baukastenstückliste ist eine Stückliste, bei der der Zusammenbau nur bis zur jeweils nächst niedrigen Stufe dargestellt wird. Kommen Baugruppen in dem Produkt mehrmals vor, so muss die Stückliste nur einmal dargestellt werden. Ein Baukasten kann auch für andere Produkte verwendet werden. Der komplette Aufbau des Produktes lässt sich allerdings nur dann erschließen, wenn alle für das Produkt benötigten Baukastenstücklisten vorliegen.

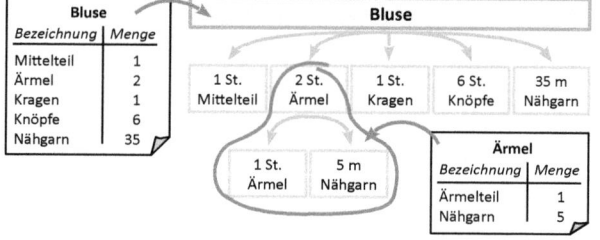

Abbildung 87: Baukastenstückliste einer Bluse

- Varianten sind Abwandlungen der Grundausführung eines Produktes. Sie entstehen durch das bewusste Weglassen oder Hinzufügen von Einzelteilen. Sie wird dann verwendet, wenn die unterschiedlichen Produkte einen großen Anteil an gleichen Baugruppen aufweisen. Eine Variantenstückliste enthält alle Einzelteile, die zusätzlich zur Grundausführung benötigt oder weggelassen werden.

Teileverwendungsnachweis
Aus ihm kann abgelesen werden, in welchen Produkten ein bestimmtes Einzelteil verbaut ist.

3.2.7 Make-or-Buy

Die Frage nach Make-or-Buy (»selber machen oder kaufen«) kann pauschal nicht beantwortet werden, denn sie richtet sich nach vielen Gründen.

Gründe ohne Wahlmöglichkeiten: (ich muss, wenn...)

Gründe für die Eigenfertigung (selber machen)	Gründe für den Fremdbezug (kaufen)
✓ Geheimhaltung des technischen Wissens ✓ externe Beschaffung auf Grund unzureichender Qualität oder fehlenden Lieferanten unmöglich	✓ besseres technisches Wissen ✓ personelle, maschinelle oder räumliche Engpässe ✓ bestehende Schutzrechte (Patente)

Tabelle 35: Gründe ohne Wahlmöglichkeiten

Gründe mit Wahlmöglichkeiten: (ich kann, wenn...)

Gründe für die Eigenfertigung (selber machen)	Gründe für den Fremdbezug (kaufen)
✓ bessere Nutzung von bereits vorhandenen Kapazitäten ✓ finanzwirtschaftliche Vorteile ✓ Kostenvorteile/Rentabilitätsvorteile ✓ unabhängig von anderen	✓ Kostenvorteile/Rentabilitätsvorteile ✓ Risikominderung durch den technischen Fortschritt ✓ Verbesserung der Qualität durch Spezialisierung

Tabelle 36: Gründe mit Wahlmöglichkeiten

Make-or-Buy-Portfolio

Ausschlaggebend sind zwei wesentliche Sachverhalte: die strategische Bedeutung (»wie wichtig ist das Teil?«) und die Verfügbarkeit am Markt (»wie einfach bekomme ich es?«). Strategisch wichtige Komponenten mit geringer Verfügbarkeit am Markt sollten in Eigenfertigung gefertigt werden (Kernkompetenz). Weniger strategisch wichtige Komponenten mit einer hohen Verfügbarkeit am Markt sollten dagegen fremdbezogen werden.

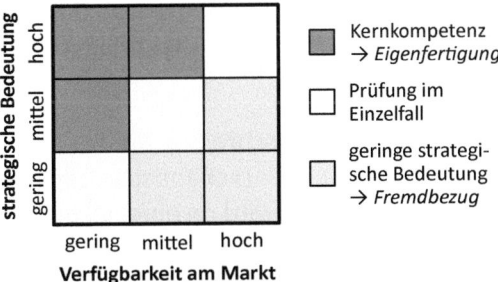

Abbildung 88: Make-or-Buy-Portfolio

3.3 Lagerlogistik

3.3.1 Lager

Ein Lager ist ein Ort in einem Unternehmen, an dem bestimmte Güter und Materialien wie z. B. Rohstoffe oder fertige Produkte aufbewahrt werden, bis sie benötigt, weiterverarbeitet oder verkauft werden.

Lagerfunktionen	Merkmale
Aufbewahrung	Ausgleich von Unregelmäßigkeiten zwischen Beschaffung, Produktion und Absatz
Bereitstellung	Zusammenstellen von Aufträgen (Kommissionieren)
Puffer-/Ausgleich	beispielsweise bei zusätzlicher Nachfrage
Sicherung	Überbrückung bei einer Störung in der Beschaffung oder Produktion
Spekulation	bei stark schwankenden Rohstoffpreisen
Veredelung	durch Trocknen oder Reifen (z. B. bei Holz, Käse, Wein)

Tabelle 37: Arten der Lagerfunktionen

Lagertypen (bestimmen den Aufbau und legen die zu lagernden Güter fest):
• bewegliche Regallager ermöglichen kompakte Lagerung auf kleinstem Raum
• feste Regallager für kleine bis mittlere Lagervolumen
• im Bodenlager werden Stück- oder Schüttgüter direkt auf dem Boden gelagert
• Flüssigkeitslager (Tanklager) für Flüssigkeiten
• im Schüttgutlager werden Stück- oder Schüttgüter in einem Behälter (Silo) gelagert
• Stückgutlager dient der Lagerung von Güter mit festgelegter Verpackung

Lagerstrategien (beschreiben die Art der Einlagerung):
• Im Freiplatzsystem (»chaotische Lagerung«) steht jeder freie Lagerplatz zur Einlagerung zur Verfügung (es wird da eingelagert, wo gerade Platz ist).

Vorteile des Freiplatzsystems	Nachteile des Freiplatzsystems
✓ bestmögliche Lagerraumausnutzung ✓ FiFo-Prinzip realisierbar ✓ keine Umorganisation bei Änderungen des Sortimentes	✗ Anschaffung eines Lagerplatzverwaltungs-systems ist notwendig ✗ bei Ausfall des Lagerplatzverwaltungssys-tems sind die Artikel unauffindbar

Tabelle 38: Vor- und Nachteile des Freiplatzsystems

- Im Festplatzsystem hat jeder Artikel seinen festen Platz, welcher auch bei Nullbestand reserviert bleibt.

Vorteile des Festplatzsystems	Nachteile des Festplatzsystems
✓ einfache Lagerordnung ✓ geringer Suchaufwand ✓ kein Lagerplatzverwaltungssystem notwendig	✗ FiFo-Prinzip oft nicht realisierbar ✗ Umorganisation bei Änderungen des Sortimentes ✗ enormer Lagerraumbedarf

Tabelle 39: Vor- und Nachteile des Festplatzsystems

- Bei der Wegstrategie entscheidet die Zugriffshäufigkeit eines Artikels über dessen Lagerplatz:
  - Artikel mit hoher Zugriffshäufigkeit werden nah am Übergabepunkt eingelagert
  - Artikel mit niedriger Zugriffshäufigkeit werden in entferntere Bereiche eingelagert

- Bei der Gewichtsstrategie entscheidet das Gewicht eines Artikels über dessen Lagerplatz:
  - schwere Artikel in Bodennähe einlagern
  - leichte Artikel weiter oben einlagern

- Bei der Verbrauchsfolgestrategie werden Artikel nach der Reihenfolge der Entnahme eingelagert:
  - bei FiFo (First In – First Out) werden die zuerst eingelagerten Artikel auch zuerst wieder ausgelagert (Durchgangsprinzip), im Lager befinden sich stets die neueren Artikel
  - bei LiFo (Last In – First Out) werden die zuletzt eingelagerten Artikel zuerst wieder ausgelagert (Sandhaufen-Prinzip), im Lager befinden sich stets die älteren Artikel
  - bei FeFo (First Expire – First Out) wird nach dem Mindesthaltbarkeitsdatum ausgelagert (oft im Lebensmittelbereich)
  - bei HiFo (Highest In – First Out) werden die Artikel mit dem höchsten Wert zuerst ausgelagert, im Lager befinden sich stets die Artikel mit dem niedrigeren Wert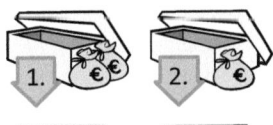
  - bei LoFo (Lowest In – First Out) werden die Artikel mit dem niedrigsten Wert zuerst ausgelagert, im Lager befinden sich stets die Artikel mit dem höheren Wert

3.3.2 Lagerungsabläufe

Lagerungsabläufe beschreiben Vorgänge, die bei verschiedenen Aktivitäten der Lagerwirtschaft anfallen.

Vorgang beim Wareneingang

Der Wareneingang ist die Abladestelle, an der die angelieferten Waren ankommen.

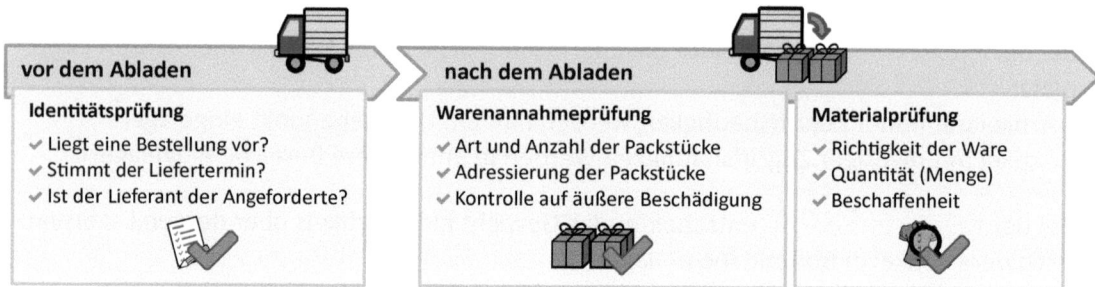

Abbildung 89: Vorgang beim Wareneingang

Vorgang des Materialeingangs

Der Vorgang des Materialeingangs beschreibt den Weg von der Annahme der Ware bis zur Einlagerung in das Lager.

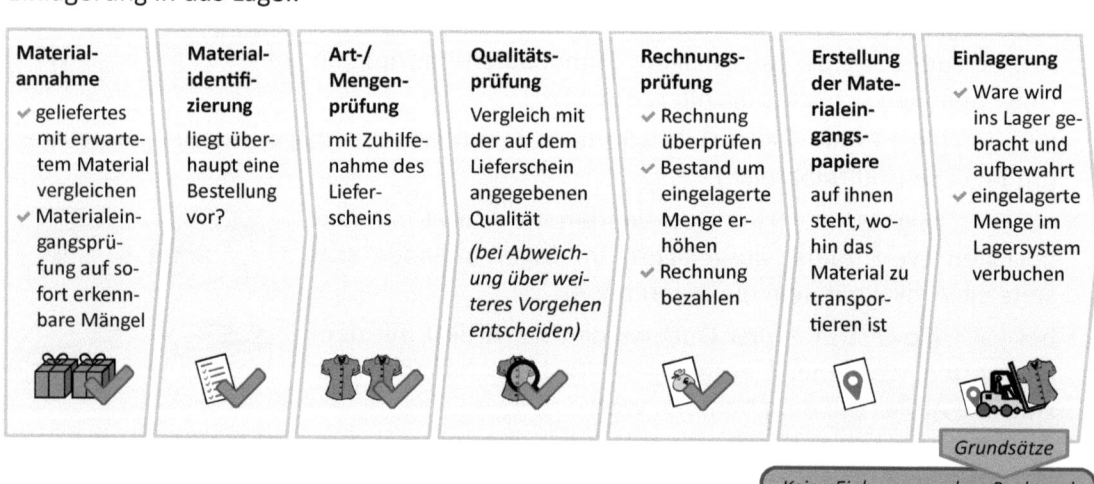

Abbildung 90: Vorgang des Materialeingangs

Vorgang des Warenausgangs

Der Warenausgang ist die letzte Station, bevor die Ware an den Kunden ausgeliefert wird. Die Lieferung wird hier zusammengestellt, für den Versand vorbereitet und an den Spediteur übergeben.

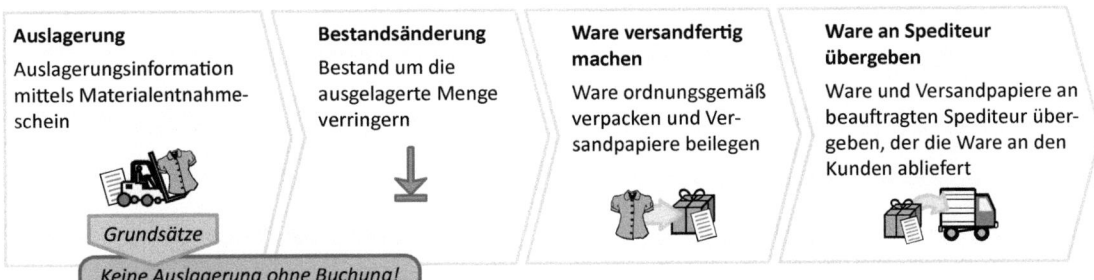

Abbildung 91: Vorgang des Warenausgangs

3.3.3 Lagerkennzahlen

Sie geben Auskunft über die Wirtschaftlichkeit eines Lagers und bilden die Grundlage für logistische Entscheidungen, z. B. Beschaffungsarten oder Bestellrhythmus.

Bestände	Merkmale
anfänglicher Lagerbestand	ist vor der Auslagerung im Lager vorhanden
Sicherheitsbestand	ist der Bestand zur Reserve
Vormerkbestand	ist zwar vorhanden, aber durch andere Vorgänge reserviert
Bestellbestand	ist bereits bestellt und kommt nach der Anlieferung hinzu

Tabelle 40: Arten der Bestände

durchschnittlicher Lagerbestand (ØLB) [Stück] =

$$\frac{\text{Jahresanfangsbestand} + \text{Jahresendbestand}}{2}$$

oder: $\frac{\text{Jahresanfangsbestand} + \textbf{4} \text{ Quartalsendbestände}}{5}$

oder: $\frac{\text{Jahresanfangsbestand} + \textbf{12} \text{ Monatsendbestände}}{13}$

Menge, die im Durchschnitt im Lager vorhanden ist

→ siehe Fortsetzung der Lagerkennzahlen auf der nächsten Seite

durchschnittliche Lagerdauer (ØLD) *[Tage]* = $$\frac{365 \text{ Tage}}{\text{Lagerumschlagshäufigkeit}}$$ oder: $$\frac{\text{Jahresverbrauch}}{\text{durchschnittlicher Lagerbestand}}$$	*Dauer, die eine Ware im Durchschnitt im Lager liegt*
Flächennutzungsgrad (FNG) *[%]* = $$\frac{\text{belegte Lagerfläche} \cdot 100\%}{\text{vorhandene Lagerfläche}}$$	*gibt an, wie stark die vorhandene Lagerfläche genutzt wird*
Höhennutzungsgrad (HNG) *[%]* = $$\frac{\text{tatsächliche Nutzhöhe} \cdot 100\%}{\text{maximal mögliche Nutzhöhe}}$$	*gibt an, wie stark die vorhandene Lagerhöhe genutzt wird*
Lagerreichweite (LRW) *[Zeiteinheit]* = $$\frac{\text{durchschnittlicher Lagerbestand}}{\text{Verbrauch pro Zeiteinheit}}$$	*gibt an, wie lange es dauert, bis das Lager komplett entleert ist*
Lagerumschlagshäufigkeit (LU) *[Anzahl]* = $$\frac{\text{Verbrauch}}{\text{durchschnittlicher Lagerbestand}}$$	*gibt an, wie oft der durchschnittliche Lagerbestand ersetzt wird*
Lagerzinsen *[€]* = $$\frac{\text{durchschnittlicher Lagerbestand} \cdot \text{Lagerzinssatz in Prozent}}{100\%}$$	*geben an, wie viel Zinsen dem Unternehmen durch die Kapitalbindung während der Lagerdauer entgehen*
Lagerzinssatz *[%]* = $$\frac{\text{Zinssatz (pro Jahr)} \cdot \text{durschnittliche Lagerdauer (Tage)}}{360 \text{ Tage}}$$	*gibt an, wie viel Prozent Zinsen das im durchschnittlichen Lagerbestand gebundene Kapital während der durchschnittlichen Lagerdauer kostet*
Lieferservicegrad; Lieferbereitschaft *[%]* = $$\frac{\text{Anzahl der sofort ausgelieferten Mengen} \cdot 100\%}{\text{Anzahl der insgesamt nachgefragten Menge}}$$	*gibt die Fähigkeit an, direkt ab Lager zu liefern* → *in der Regel reichen 90 % bis 95 %*
Raumnutzungsgrad (RNG) *[%]* = $$\frac{\text{belegtes Lagervolumen} \cdot 100\%}{\text{vorhandenes Lagervolumen}}$$	*gibt an, wie stark der vorhandene Lagerraum genutzt wird*
Wareneinsatz *[Stück]* = Jahresanfangsbestand + Lagerzugänge − Jahresendbestand	*Wert der verbrauchten Waren in einer Periode*

3.4 Verpackung für Versand

Eine Verpackung soll nicht nur eine schadhafte Lieferung vermeiden und den Transport erleichtern, sie hat noch weitere Aufgaben und Ziele:

✓ **technische Funktion**: Schutzleistung, Lagerleistung, Transportleistung
✓ **absatzwirtschaftliche Funktion**: Informationsleistung, Verkaufsleistung
✓ **ökologische Funktion**: Mehrwegverpackungen, Verpackungseinsparungen

Verpackungen dürfen nicht beliebig gestaltet werden. Die genauen Vorgaben sind seit 1991 in der Verordnung über die Vermeidung und Verwertung von Verpackungsabfällen (Kurzform: Verpackungsverordnung oder VerpackV) geregelt:

• Verpackungen sind nach Größe und Gewicht auf das minimal notwendige Maß zu beschränken
• Verpackungen müssen, soweit möglich, wieder befüllt werden, sonst müssen Verpackungen weiter verwertet werden

Verpackungsarten:
• Die Transportverpackung soll den Transport von Waren erleichtern und vor Transportschäden bewahren, z. B. Paletten oder Stretchfolien.

• Die Umverpackung ist eine zusätzliche Verpackung um die Verkaufsverpackung herum, ohne zusätzliche Schutzfunktion, z. B. eine Faltschachtel um eine Zahnpastatube.

• Die Verkaufsverpackung umgibt die Ware unmittelbar. Sie unterstützt die Haltbarkeit der Ware und dient dem Schutz. Sie fungiert durch ihre Gestaltung oftmals als Trägerin von Informationen und der Werbung, z. B. die Zahnpastatube.

PRODUKTIONSWIRTSCHAFT

Die Produktionswirtschaft plant, steuert und kontrolliert die Produktion eines Unternehmens.

Produktion

Sie beinhaltet <u>alle Arten</u> einer Leistungserstellung (landwirtschaftliche Urproduktion, Industrie und Dienstleistungen).

Fertigung

Sie beinhaltet nur die <u>industrielle</u> Leistungserstellung.

Aufgaben und Ziele der Fertigung:
- Realisieren des Wertschöpfungsprozesses durch qualitativ hochwertige Produkte, die in der richtigen Stückzahl zum richtigen Zeitpunkt unter wirtschaftlichen Bedingungen hergestellt werden
- Kapazitäten optimal ausnutzen
- Lagerbestände minimal halten

4.1 Produkt

Ein Produkt ist eine hergestellte Ware (z. B. Bluse) oder Dienstleistung (z. B. Haarschnitt bei einem Friseur).

4.1.1 Produktplanung

Bevor ein Produkt auf den Markt kommt, müssen verschiedene Maßnahmen durchgeführt werden. Auslaufende Produkte müssen rechtzeitig durch neue ersetzt werden.

Produktidee	Produkt-forschung	Produkt-entwicklung	Produkt-gestaltung	Produkt-erprobung	Produkt-beurteilung
✓ Ideenfindung ✓ Ideenbewertung ✓ Ideenauswahl ✓ Ideenumsetzung	✓ Grundlagen-forschung ✓ angewandte Forschung ✓ Industrie-forschung	✓ Simultaneous Engeneering	✓ Design for Assembly	✓ Muster ✓ Prototyp ✓ Nullserie ✓ Serie ✓ Modellpflege	✓ intern ✓ extern

Abbildung 92: Überblick über den Prozess der Produktplanung

Produktidee

Über den Beschaffungs- und Absatzmarkt lassen sich neue Anregungen und Ideen (z. B. Kundenwünsche oder neue Werkstoffe) bekommen, die der Auslöser für neue Produkte sein können.

Finden von neuen Produktideen	Bewertung der Produktideen	Auswahl der geeignetsten Produktidee	Verwirklichung der ausgewählten Produktidee

Abbildung 93: Überblick über den Prozess der Ideenfindung

Produktforschung

- Die Grundlagenforschung dient der Wissensvermehrung. Sie untersucht neuartige wissenschaftliche Zusammenhänge.

- Die angewandte Forschung findet an Universitäten und Hochschulen statt. Dabei werden die Erkenntnisse aus der Grundlagenforschung für die praktische Verwertbarkeit verknüpft und erweitert. Der Fokus liegt beim allgemeinen Nutzen.

- Die Industrieforschung findet in Unternehmen statt. Dabei werden die Erkenntnisse aus der Grundlagen- und angewandten Forschung für die technische Umsetzung in Produkten und Verfahren verknüpft und erweitert. Der Fokus liegt beim wirtschaftlichen Nutzen.

Produktentwicklung

Sind die Produktplanungen und -forschungen soweit abgeschlossen, geht es an die Entwicklung des neuen Produktes.

Gestalterische Produktentwicklung:
- Marke: z. B. Identifizierungsmerkmale
- Name: z. B. passend, leicht zu merken, unverwechselbar
- Qualität: z. B. Lebensdauer, Zuverlässigkeit, Aussehen
- Verpackung: z. B. Schutz- und Werbefunktion

Simultaneous Engeneering

Alle Beteiligten an einem Entwicklungsprozess sind von Anfang an gleichzeitig in das Entwicklungsprojekt eingebunden. Die Zeit bis zur Markteinführung (Time-to-market) wird dadurch erheblich verkürzt.

Vorteile von Simultaneous Engeneering	Nachteile von Simultaneous Engeneering
✓ Einwände und Vorschläge werden schon von Anfang an berücksichtigt ✓ vermeidet kostspielige Änderungen ✓ verkürzt die Zeit bis zur Markteinführung	✗ Projektablauf ist nur so gut wie die Planung ✗ Vorgaben dürfen nicht verändert werden

Tabelle 41: Vor- und Nachteile von Simultaneous Engeneering

Produktgestaltung

Ein Produkt, egal welcher Art, muss einen Nutzen erbringen:

• der Grundnutzen umfasst alle Eigenschaften, die der Hersteller angibt (Muss!)
• der Zusatznutzen bringt einen zusätzlichen Nutzen (schön, wenn es ihn gibt...)

Hinzu kommen gewisse Produkteigenschaften, die ein Produkt aufweisen sollte:

innere Produkteigenschaften (Grundnutzen)	äußere Produkteigenschaften
• Funktion/Produktleistung • Haltbarkeit/Nutzungsdauer • Qualität • Zuverlässigkeit	• Design • Name (Marke) • Verpackung

Tabelle 42: innere und äußere Produkteigenschaften

Festlegung der Produkteigenschaften:
• Ästhetik wie Form, Farbe, Design, Verpackung, Name
• Funktion wie Art, Nutzen, Bedienung
• Qualität wie Material, Verarbeitung, Beratung, Service
• soziale Eigenschaften wie Image

Design for Assembly (montagegerechte Konstruktion)
Die Produktgestaltung und der Produktaufbau orientiert sich an der späteren Montage.

Ziele von Design for Assembly:
✓ reduziert die Anzahl an Bauteilen, um Arbeitsgänge einzusparen
✓ reduziert die Anzahl an Montagevorrichtungen oder Maschinen
✓ reduziert die Durchlaufzeit durch eine schnellere Montage
✓ reduziert Produktvarianten auf wenige Baugruppen

Produkterprobung

Erprobungs-muster	Prototyp	Nullserie (Vorserie)	Serien-entwicklung	Weiterentwicklung (Modellpflege)

Abbildung 94: Überblick über die Stufen der Produkterprobung

Nachdem die Erstmuster konstruiert wurden, müssen sie einer Erprobung unterzogen werden, um eine Fertigungsfreigabe zu erhalten. Zuerst wird ein Prototyp (Muster des Produktes) erstellt und ausgiebig alle Funktionen überprüft. Anschließend werden mehrere Exemplare des Produktes auf allen notwendigen Betriebsmitteln gefertigt (Nullserie), um auch die Abläufe in der Produktion und die Qualifikation der Mitarbeiter zu überprüfen und, falls erforderlich, entsprechend geeignete Maßnahmen einzuleiten (Produktionserprobung).

Produktbeurteilung

Die Produktbeurteilung kann auf zwei Arten durchgeführt werden: Bei der internen Produktbeurteilung wird der Prototyp durch die eigenen Mitarbeiter beurteilt. Bei der externen Produktbeurteilung wird die Nullserie an vorher ausgewählte Kunden ausgeliefert, die die Erprobung durchführen. Die Erkenntnisse aus der Beurteilung werden für eventuelle Verbesserungen verwendet.

4.1.2 Produktlebenszyklus

Ein Produkt durchläuft mehrere Phasen von der Idee des Produktes bis hin zum Austreten aus dem Markt. Der Produktlebenszyklus stellt die Umsatzentwicklung eines bestimmten Produktes während des Verkaufszeitraumes grafisch dar.

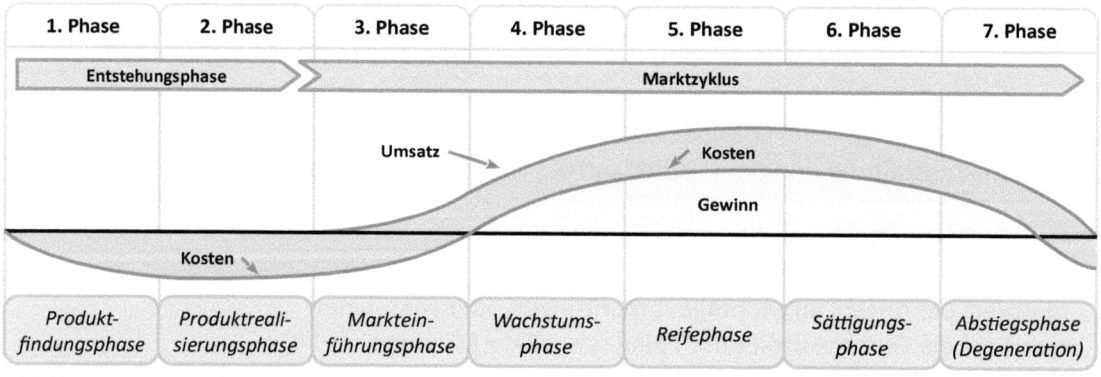

Abbildung 95: Produktlebenszyklus

➩ Siehe auch unter Produktlebenszyklus im Kapitel 2 Absatzwirtschaft auf Seite 50.

Merkmale bestimmter Produktlebenszyklen

- Ein Flop zeichnet sich durch ein starkes, aber kurzes Wachstum, gefolgt von einem schnellen Rückgang aus. Das Produkt ist nur eine kurze Zeit auf dem Markt.

- Ein erfolgreiches Produkt hat ein langanhaltendes Wachstum. Der Marktanteil wird über die gesamte Produktlebenszeit gehalten. Das Produkt ist eine lange Zeit auf dem Markt.

- Bei einem nostalgischen Produkt erfolgt nach einem langen Wachstum ein Rückgang, der jedoch zu einem neuen Aufschwung führt.

- Ein langsam sterbendes Produkt weist einen kontinuierlichen Umsatzrückgang auf, der jedoch bewusst nicht gestoppt wird.

- Bei einem Relaunch wird nach den Ursachen des Umsatzrückgangs gesucht. Neue Anpassungen oder eine Erneuerung des Produktes führen zu einem erneuten Umsatzzuwachs.

- Der Produktlebenszyklus eines Markenproduktes hängt von der Werbung und Aktivitäten am Markt ab.

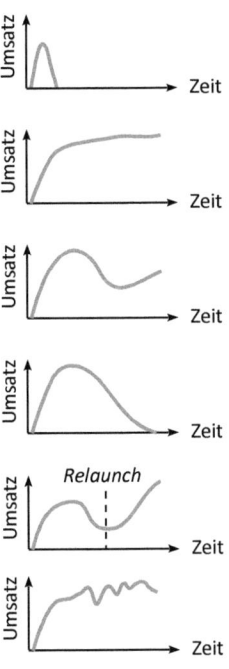

4.1.3 Produktprogramm

Alle Produkte, die ein Unternehmen aktuell auf dem Markt anbietet.

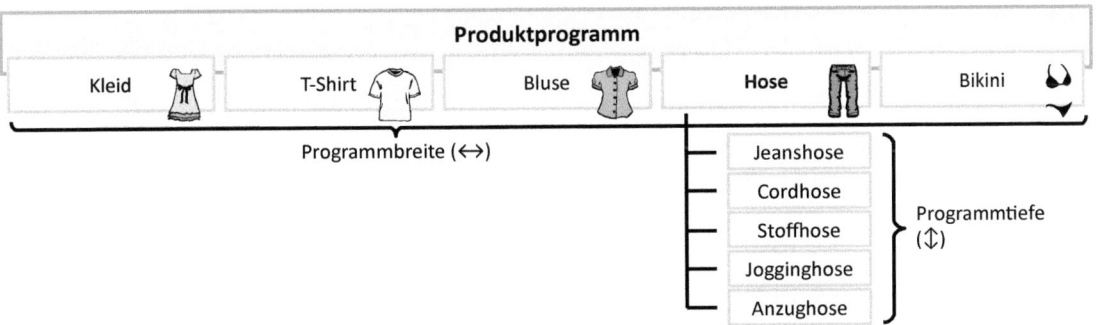

Abbildung 96: Produktprogramm (Sortiment)

- Ein Produktprogramm setzt sich aus <u>mehreren Produktlinien</u> zusammen. Die Anzahl der einzelnen Produktlinien wird Programmbreite (↔) genannt. Diese Produktlinien können ähnliche Produkte sein (PKWs, LKWs und Busse) oder komplett verschieden sein (Kleidung, Lebensmittel und Möbel).

- Die Programmtiefe ($\updownarrow$) bezeichnet die Produktanzahl innerhalb der Produktlinie.

Beispiel 17: Programmbreite und Programmtiefe

- **Programmbreite**: das Produktprogramm eines Textilunternehmens setzt sich aus den fünf Produktlinien Kleid, T-Shirt, Bluse, Hose und Bikini zusammen
- **Programmtiefe**: die Produktlinie Hose besteht wiederum aus den fünf Produkten Jeanshose, Cordhose, Stoffhose, Jogginghose und Anzughose

---

Produktprogrammpolitik

Das eigene Produktprogramm muss neuen Kundenbedürfnissen oder Konkurrenzprodukten angepasst werden, um wettbewerbsfähig zu bleiben. Dies kann erreicht werden durch:

Maßnahmen	Merkmale	
Produktinnovation	es werden komplett neue Produkte entwickelt und in das Produktprogramm aufgenommen → *es wurde eine neuartige Krawattenbluse entwickelt und wird nun angeboten*	
Produktvariation	es wird eine neue Variante eines bisher bestehenden Produktes angeboten, die das bisherige Produkt ersetzt → *die blaue Jeanshose wird durch eine grüne Jeanshose ersetzt*	
Produktdiversifikation	es werden für das Unternehmen neue Produkte, die es bereits auf dem Markt gibt, in das Produktprogramm aufgenommen → *zusätzlich zu den bestehenden Produkten (T-Shirt, Hose, Kleid und Bluse) werden noch Bikinis angeboten*	
Produktdifferenzierung	es wird zusätzlich eine neue Variante eines bisher bestehenden Produktes angeboten → *zur blauen Jeanshose wird zusätzlich eine grüne Jeanshose angeboten*	
Produktelimination	bisher angebotene, unwirtschaftliche Produkte werden vom Markt genommen → *die Blusen werden nun nicht mehr angeboten*	

Tabelle 43: Maßnahmen der Produktprogrammpolitik

NICHT VERWECHSELN:
Das __Produkt__programm umfasst alle Produkte, die von einem Unternehmen angeboten werden. Das Produk__tions__programm gibt die Art und Menge der zu produzierenden Produkte vor.

4.2 Produktion

Sie beinhaltet alle Arten der Leistungserstellung von Gütern. Dabei werden Rohstoffe unter Zuhilfenahme von menschlicher und maschineller Arbeitsleistung zu verwertbaren Gütern verarbeitet.

4.2.1 Produktionsprogramm

Im Produktionsprogramm wird die Art, Anzahl und der Zeitraum der zu produzierenden Produkte festgelegt.

Abbildung 97: Überblick über die Umfänge des Produktionsprogramms

Produktionstiefe (Fertigungstiefe)

Sie gibt an, wie groß die <u>Eigenleistungen</u> des Unternehmens bei der Herstellung eines Produktes sind:

- bei 0 % Fertigungstiefe hat das Unternehmen keine eigene Produktion (z. B. Handel)
- bei 50 % Fertigungstiefe stellt das Unternehmen die Hälfte der Produktteile selbst her, die restlichen Produktteile werden zugekauft
- bei 100 % Fertigungstiefe stellt das Unternehmen ein Produkt ohne jeglichen Zukauf komplett selbst her

Produktionsbreite

Sie gibt die Anzahl der verschiedenen herzustellenden Produkte an.

Produktions-/Fertigungsprogrammplanung

Sie ist ein Teil der Unternehmensplanung und von mehreren Teilplanungen abhängig, wie z. B. der Absatz- oder Beschaffungsplanung. Auch andere externe Faktoren wie Konjunktur, Wettbewerbssituation oder interne Faktoren wie Mitarbeiter- oder Produktionspotenzial haben Einfluss auf die Produktionsprogrammplanung.

Arten der Produktions-/Fertigungsprogrammplanung:
- Bei einer auftragsbezogenen Produktionsprogrammplanung wird erst durch einen vorliegenden Kundenauftrag produziert.
- Bei einer kostenoptimalen Produktionsprogrammplanung sind die Kosten das wichtigste Kriterium und werden daher ständig optimiert.
- Bei einer verbrauchsbezogenen Produktionsprogrammplanung richtet sich die Produktion nach dem Verlauf des Bedarfes.

zeitlicher Horizont der Programmplanung

zeitlicher Horizont der Programmplanung		
strategisch langfristig (3 bis 5 und mehr Jahre)	**taktisch** mittelfristig (1 bis 3 Jahre)	**operativ** kurzfristig (bis 1 Jahr)

Abbildung 98: Überblick über den zeitlichen Horizont der Programmplanung

- Die strategische Planung ist <u>langfristig</u> ausgelegt (3 bis 5 und mehr Jahre) und umfasst einmalige Aktionen am Beginn oder ständig wiederkehrende Planungen:
  - grobe Planung der Materialbedarfsermittlung und -beschaffung
  - grobe Planung des Personalbedarfs und der benötigten Maschinen
  - Vorentscheidung über Programmbreite und -tiefe
  - Wahl der Branche und des Standortes

- Die taktische Planung ist <u>mittelfristig</u> ausgelegt (1 bis 3 Jahre) und leitet aus den Vorgaben der strategischen Planung weitere Teilplanungen ab, die weiter detailliert und konkretisiert werden:
  - Anpassen von Kapazitätsbedarf und -verfügbarkeit
  - Optimieren der Fertigungsdurchführung
  - Umwandeln der geplanten Termine auf genauere Einzeltermine

- Die operative Planung ist <u>kurzfristig</u> ausgelegt (bis zu 1 Jahr) und setzt die Pläne und Maßnahmen der taktischen Planung um:
  - Auslasten der Arbeitsplätze
  - Terminieren jedes Arbeitsganges
  - Zuweisen von Aufträgen

Absatzplanung

Die Produktionsprogrammplanung orientiert sich an der Absatzmenge, um z. B. die Kapazitäten besser auszulasten oder kostenintensive Lagerungen zu vermeiden.

Absatzplanung			
Fertigung **synchron** zum Absatz	**gleichmäßige** Kapazitätsauslastung	**stufenweise** Anpassung der Fertigungsmenge	Aufnahme **zusätzlicher** Erzeugnisse

Abbildung 99: Überblick über die Unterscheidung der Absatzplanung

- Bei der Fertigung synchron zum Absatz entspricht die Fertigungsmenge der Absatzmenge, z. B. bei Handwerkern oder kleineren Industriebetrieben

Vorteile	Nachteile
✓ alles Produzierte wird auch verkauft ✓ kein Fertigwarenlager notwendig	✕ aufwendige Planung ✕ freie Kapazitäten übrig ✕ starke Beschäftigungsschwankung

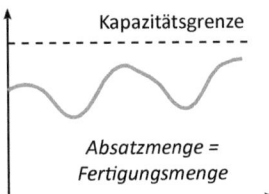

Tabelle 44: Vor- und Nachteile bei der Fertigung synchron zum Absatz

- Bei der gleichmäßigen Kapazitätsauslastung ist die Fertigungsmenge immer gleich hoch, unabhängig von der tatsächlichen Absatzmenge, z. B. bei der Massenproduktion.

Vorteile	Nachteile
✓ einfache Planung ✓ konstante Auslastung der Kapazitäten	✕ Kapitalbindung ✕ Fertigwarenlager erforderlich

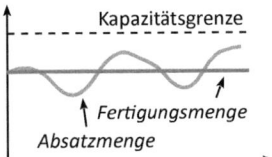

Tabelle 45: Vor- und Nachteile bei der gleichmäßigen Kapazitätsauslastung

- Bei der stufenweisen Anpassung der Fertigungsmenge wird die Fertigungsmenge stufenweise an die Absatzmenge angepasst, z. B. bei saisonalen Produkten.

Vorteile	Nachteil
✓ wenig Fertigwarenbestände ✓ geringe Kapitalbindung	✕ aufwendige Durchführung

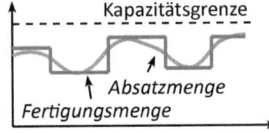

Tabelle 46: Vor- und Nachteile bei der stufenweisen Anpassung der Fertigungsmenge

- Bei der Aufnahme zusätzlicher Erzeugnisse werden zusätzlich zu den bestehenden Erzeugnissen ähnliche Produkte aufgenommen, z. B. Osterhasen/Weihnachtsmänner aus Schokolade.

Vorteile	Nachteile
✓ bessere Planung ✓ gleichmäßige Auslastung der Kapazitäten	✗ häufiges Umstellungen in der Produktion ✗ Fertigwarenlager erforderlich

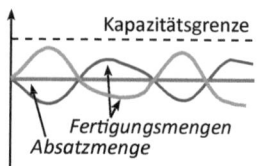

Tabelle 47: Vor- und Nachteile bei der Aufnahme zusätzlicher Erzeugnisse

4.2.2 Produktionsplanung

Sie plant die zukünftige Produktion und leitet daraus Maßnahmen ab, die durchgeführt werden müssen, um die Planung erfolgreich umzusetzen.

Arbeitsvorbereitung

Die Arbeitsvorbereitung hat das Ziel, ein Optimum aus benötigtem Aufwand und erzieltem Arbeitsergebnis zu schaffen.

Aufgaben und Ziele der Arbeitsvorbereitung:
- ✓ Planen des Arbeitsablaufes, z. B. Arbeitsvorgänge, Reihenfolge, Durchlaufzeiten
- ✓ Planen der benötigten Mittel, z. B. Personal, Betriebsmittel, Material
- ✓ Dokumentieren der Planungsergebnisse, z. B. als Arbeitspläne, Stückliste
- ✓ Veranlassen und kontrollieren der Arbeitsabläufe

Arbeitsplan

Arbeitspläne sind auftragsunabhängige Dokumentationen des Arbeitsablaufes für die Fertigung aller Teile. Sie werden im Rahmen der Arbeitsplanung auf jeweils eine Fertigungsstufe bezogen und für alle zu fertigenden Positionen erstellt.

Inhalte eines Arbeitsplanes:
- genaue Angaben über den Arbeitsplatz
- genaue Angaben über die zu fertigenden Baugruppen und Einzelteile
- genaue Angaben über die dazu benötigten Betriebs-, Hilfsmittel und Werkzeuge
- genaue Angaben über die Lohngruppe des Arbeiters bzw. Arbeitsschrittes
- genaue Angaben über die benötigten Rüst- und Vorgabezeiten

Gliederung eines Arbeitsplanes:
- die Kopfdaten enthalten z. B. Objektsachnummer, Benennung, Stand, Losgröße
- die Materialdaten enthalten z. B. Material-Sachnummer, -benennung, -menge
- die Fertigungsdaten enthalten z. B. Verfahrens-, Arbeitsplatz-, Betriebsmitteldaten

4.2.3 Produktionssteuerung

Wird auch Fertigungssteuerung, Werkstattsteuerung oder Arbeitssteuerung genannt und basiert auf den Ergebnissen der Produktionsplanung.

Ziele der Produktionssteuerung:
- Aufträge zum richtigen Termin fertigstellen
- Durchlaufzeiten minimieren
- Kapazitäten optimal auslasten

Sie muss alle Maßnahmen treffen, die für die aktuelle Produktion notwendig sind. Dazu gehören das Veranlassen, Überwachen und Sichern von Arbeitsbedingungen, Kosten, Mengen, Qualitäten und Terminen.

Auswahl an Aufgaben der Produktionssteuerung:
- Fertigungsprozess veranlassen
  - Fertigungsprogramm und Fertigungsabläufe bilden
  - Material- und Kapazitätsbestand und -bedarf ermitteln und beschaffen
  - Termine festlegen und Kapazitäten belegen
  - Arbeitsunterlagen erstellen
- Fertigungsprozess überwachen
  - Ist-Daten erfassen
  - Soll- und Ist-Daten vergleichen und Abweichungen beurteilen
- Fertigungsprozess sichern
  - Störungsursachen ermitteln
  - bei Abweichungen im Fertigungsablauf eingreifen und ggf. Planänderungen durchführen

CIM-Konzept

Das CIM-Konzept (Computer Integrated Manufacturing = computerintegrierte Produktion) ist ein Konzept, bei dem Computer aus allen mit der Produktion verknüpften Bereichen von der Planung bis zur Qualitätssicherung zusammenarbeiten und vernetzt sind.

Zielsetzung des CIM-Konzeptes:
- ✓ schnelle Reaktion auf geänderte Marktanforderungen
- ✓ steigern der Wettbewerbsfähigkeit
- ✓ verbessern der Effizienz der Produktion
- ✓ verbessern und optimieren aller Produktionsprozesse

Bestandteile des CIM-Konzeptes					
CAE	CAD	CAP	CAM	CAQ	PPS

Abbildung 100: Überblick über die Bestandteile des CIM-Konzeptes

- **CAE** (Computer Aided Engineering) ist die rechnergestützte Entwicklung:
  - Konstruktionen können mit Computersimulationen anstatt mit echten Prototypen durchgeführt werden (Zeit und Kostenersparnis)
  - übergibt die Daten an andere CAX-Systeme, beispielsweise CAD

- **CAD** (Computer Aided Design) ist die rechnergestützte Konstruktion:
  - berücksichtigt Normen und Typungen
  - erstellt und verwaltet Stücklisten
  - schnelle und einfachere Erstellung von Zeichnungsdaten
  - übergibt die Daten an andere CAX-Systeme, beispielsweise CAD

- **CAP** (Computer Aided Planing) ist die rechnergestützte Arbeits- und Montageplanung:
  - ermöglicht eine schnelle und detaillierte Planung der Fertigungsdurchführung
  - plant die Arbeitsgangreihenfolge, Arbeitszeitbedarfe und Maschinensteuerung
  - programmiert die benötigten Maschinen, Transport- und Lagersysteme
  - übernimmt und verarbeitet die Daten des CAD-Bereiches weiter

- **CAM** (Computer Aided Manufactoring) ist die rechnergestützte Fertigungsdurchführung:
  - ermöglicht die Automatisierung der Werkstückbearbeitung, Montage und Transport
  - steuert und überwacht Maschinen, Transport- und Lagersysteme
  - übernimmt und verarbeitet die Daten des CAP-Bereiches weiter

- **CAQ** (Computer Aided Quality Assurance) ist die rechnergestützte Qualitätssicherung:
  - erstellt schnell Qualitäts- und Prüfpläne und Prüfprogramme
  - führt Fehlerermittlungen durch und korrigiert Maschineneinstellungen
  - speichert alle relevanten Qualitätsdaten

  ⇨ *Siehe auch unter 5.4 Rechnergestützte Qualitätssicherung auf Seite 149.*

- **PPS** (Produktionsplanungs- und -steuerungssystem):
  - plant die Fertigungsprogramme
  - plant und lastet die vorhandenen Kapazitäten aus
  - verwaltet die Grunddaten, z. B. Arbeitsplan-, Artikel-, Materialbestandsdaten

Im Laufe der Zeit wurden zur Planung, Steuerung und Überwachung der Prozesse weitere **PPS-Module** entwickelt:
- **Material Requirement Planing** (MRP) ist ein hierarchisch aufgebautes System, das aus mehreren miteinander vernetzten Modulen besteht
- bei der **belastungsorientierten Auftragsfreigabe** (BOA) erfolgt die Freigabe und Reihenfolge von mehreren gleichzeitigen Aufträgen mit Hilfe von Prioritäten

 *Siehe auch unter Prioritätensteuerung weiter unten auf dieser Seite.*

- beim **Fortschrittszahlensystem** (FZS) werden die aktuellen Ist-Zahlen ständig mit den vorgegebenen Soll-Zahlen verglichen, die Bandgeschwindigkeit kann so verringert oder erhöht werden
- das **Ressourcen Management** ermöglicht die Kapazitätsplanung und -steuerung aller Ressourcen im Unternehmen, wie z. B. Maschinen, Werkzeuge, Fördermittel
- bei **KANBAN** gibt die Endmontage ihren Teilebedarf als innerbetriebliche Aufträge an die vorgelagerten Fertigungsbereiche (Holprinzip)
- bei der **Durchlaufterminierung** erfolgt die Planung der zeitlichen Abfolge der Aufträge in der Fertigung mit Hilfe von Balkendiagrammen oder Netzplantechnik

Prioritätensteuerung

Da oftmals die Kapazitäten der Produktion begrenzt sind, konkurrieren mehrere gleichzeitige Aufträge um die Fertigungsfreigabe. Über die Prioritätensteuerung werden die Aufträge unterschiedlich behandelt:
- bei der **Belegungszeitregel** (KOZ = kürzeste Operationszeit) hat der Auftrag mit der kürzesten Belegungsdauer Vorrang
- bei der **dynamischen Wertregel** hat der Auftrag mit der größten Wertschöpfung Vorrang
- bei der **externen Prioritätsregel** sind eventuelle Konventionalstrafen oder absatzpolitische Gründe entscheidend
- bei der **Festzeitregel** (Endterminregel) hat der Auftrag mit der kürzesten Zeitdauer für die noch ausstehenden Arbeiten Vorrang
- bei der **FiFo-Regel** (First in – First out) werden Aufträge, die zuerst eingegangen sind auch zuerst abgearbeitet
- bei der **Kundenregel** entscheidet die Wichtigkeit des Kunden (A, B oder C-Kunde)

- bei der Leistungsgradregel ist die Höhe der Entlohnung oder des Gewinns entscheidend
- bei der Rüstzeitregel hat der Auftrag mit der geringsten Rüstzeit Vorrang
- bei der Schlupfzeitregel hat der Auftrag mit der kürzesten Schlupfzeit Vorrang (die Schlupfzeit ist die Zeitdauer bis zum Endtermin)
- bei der Verzugszeitregel hat der Auftrag mit dem größten zeitlichen Verzug Vorrang

4.2.4 Philosophien der Produktion

Lean Production (schlanke Produktion)

Das Hauptanliegen ist die Vermeidung von Verschwendung und die Konzentration auf das Wertschöpfende.

Ziele der Lean Production:
- interne Kunden-Lieferanten-Beziehung als Leitprinzip
- Kompetenz und Verantwortung zusammenführen (wenige Hierarchieebenen)
- Konzentration auf das Wesentliche bzw. auf die eigenen Stärken
- Ausrichtung aller Tätigkeiten auf die Kundenbedürfnisse
- kontinuierliche Verbesserung (Kaizen, KVP) ist fester Bestandteil des Prozesses
- Verschwendungen und Fehler vermeiden

Elemente der Lean Production:
- Just-in-time-Produktion
- konsequente Ursachenforschung, um die Ursachen schnell zu beseitigen
- konsequentes Qualitätsmanagement, um auftretende Fehler sofort zu beseitigen
- kontinuierlicher Verbesserungsprozess (Kaizen, KVP)
- Qualifikation und Motivation der Mitarbeiter

PDCA (Deming-Kreis)

Ein Problemlösungsprozess, der aus 4 Phasen besteht: Plan (Planen), Do (Ausführen), Check (Überprüfen) und Act (Verbessern). Durch eine kontinuierliche Verbesserung der Prozesse wird versucht, die Effizienz des Unternehmens zu erhöhen.

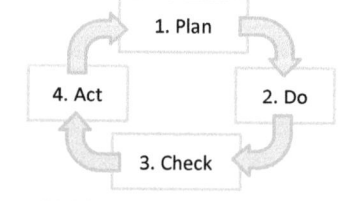

 Siehe auch Kapitel 5.2 Total-Quality-Management auf Seite 148.

Siehe auch Kapitel 5.2 Total-Quality-Management auf Seite 148.

Abbildung 101: PDCA-Zyklus

Kaizen

Eine japanische Lebens- und Arbeitsphilosophie, die das Streben nach ständiger Verbesserung zu ihrer Leitidee gemacht hat (»vom Guten zum Besseren«) und zu einer stetigen Verbesserung der Wettbewerbsposition führen soll.

 Siehe auch unter Kaizen im Kapitel 5.2 Total-Quality-Management auf Seite 146.

One-Piece-Flow

Eine Art der Fließfertigung, bei der ein Arbeiter alle Arbeitsschritte an einem Produkt durchführt. Dadurch kann auf eine aufwendige Losfertigung verzichtet werden und die Variante kann mit jedem Stück verschieden sein (Losgröße: 1 Stück). Voraussetzung ist, dass alle Mitarbeiter alle anfallenden Arbeitsschritte beherrschen.

Vorteile gegenüber der konventionellen Fließfertigung:
- ✓ bessere Qualität und weniger Fehler
- ✓ hohe Flexibilität bezüglich Varianten
- ✓ verkürzte Lieferzeiten (kein Warten bis Los vollständig ist)
- ✓ weniger Bestände, Flächen- und Kapitalbedarf

4.2.5 Kapazitätsplanung

Sie plant das technische Leistungsvermögen eines Unternehmens innerhalb eines bestimmten Zeitabschnittes.

Auftragszeit T *[Zeiteinheit]* = Rüstzeit t_r + (Produktionsmenge m · Zeit je Einheit t_e)	*Gesamtdauer eines Auftrages*
Auslastungsgrad *[%]* = $\dfrac{\text{Kapazitätsbedarf} \cdot 100\ \%}{\text{theoretischer Kapazitätsbestand}}$	*gibt die prozentuale Auslastung der gesamten Kapazitäten an*
Kapazitätsbedarf *[Zeiteinheit]* = $\dfrac{\text{Auftragszeit T} \cdot 100\%}{\text{Zeitgrad in \%}}$	*benötigte Kapazität (ergibt sich aus den Aufträgen)*
Planungsfaktor p *[Zahl]* = $\dfrac{\text{realer Kapazitätsbestand}}{\text{theoretischer Kapazitätsbestand}}$	*Faktor, mit dem aus dem theoretischen Kapazitätsbestand der reale errechnet werden kann*

→ *siehe Fortsetzung auf der nächsten Seite*

realer Kapazitätsbestand [h] = theoretischer Kapazitätsbestand · Planungsfaktor	*tatsächlich verfügbare Kapazität*
Stückzeit t_e (Zeit je Einheit) [Zeiteinheit] = Grundzeit t_g + Verteilzeit t_v	*Herstellungsdauer eines Stückes*
theoretischer Kapazitätsbestand [h] = Schichtstunden · Schichtanzahl · Anzahl Arbeitstage · Anzahl Arbeiter *oder: Stunden pro Arbeitstag · Anzahl Arbeitstage · Anzahl Arbeiter*	*maximal zur Verfügung stehende Kapazität*
Zeitgrad [%] = $\dfrac{\text{Sollzeit} \cdot 100\,\%}{\text{Istzeit}}$	*Verhältnis von vorgegebener Sollzeit zu erreichter Istzeit*

Beispiel 18: Berechnung des Kapazitätsbestandes

Anzahl der Arbeitstage: 22 Tage; Arbeitszeit: 8 h pro Tag; Anzahl der Arbeiter: 62 Arbeiter; Prozentsatz für Urlaub: 6 % (= 0,06); Prozentsatz für Krankheit: 2 % (= 0,02)

theoretischer Kapazitätsbestand: 22 Tage · 8 h pro Tag · 62 Arbeiter =	10.912 h
− Ausfall durch Urlaub und Krankheit: (0,06 + 0,02 = 0,08) → 10.912 h · 0,08 =	873 h
= realer Kapazitätsbestand für einen Monat:	10.039 h

→ *Der reale Kapazitätsbestand für einen Monat beträgt **10.039 h**.*

4.2.6 Durchlaufzeit (lead time)

Die Zeitdauer, die von der ersten Bearbeitung bis zur kompletten Fertigstellung eines Produktes gebraucht wird.

Zusammensetzung der Durchlaufzeit			
Rüstzeit	**Bearbeitungszeit**	**Wartezeit**	**Liegezeit**
Zeit, die zur Vorbereitung einer Maschine oder eines Auftrages benötigt wird	technologisch für die Herstellung des Produktes benötigte Zeit	gewollt und fertigungsbedingt (z. B. Trocknen nach dem Lackieren)	ungewollt (z. B. Warten auf Weiterbearbeitung)

Abbildung 102: Überblick über die Zusammensetzung der Durchlaufzeit

Belegungszeit

Die Zeit, die eine <u>Maschine</u> zur kompletten Bearbeitung eines Auftrages benötigt.

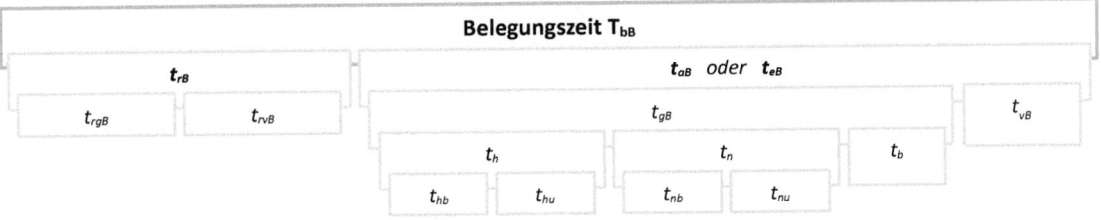

Abbildung 103: Zusammensetzung der Belegungszeit T_{bB} nach REFA*

*REFA = REFA-Verband für Arbeitsstudien und Betriebsorganisation (früher: Reichsausschuss für Arbeitszeiter-mittlung)

- Die **Belegungszeit** T_{bB} ist die Zeit, die eine Maschine durch einen kompletten Auftrag belegt ist. Sie setzt sich aus der <u>Betriebsmittelrüstzeit</u> t_{rB} und der <u>Betriebsmittelausführungszeit</u> t_{aB} zusammen.

- Die **Betriebsmittelrüstzeit** t_{rB} ist die Zeit zum Ausführen von Rüstaufgaben wie beispielsweise Werkzeuge oder Gussformen einspannen. Sie fällt nur einmal pro Auftrag an, ist nicht wertschöpfend, belegt trotzdem die Kapazität und setzt sich aus der <u>Betriebsmittelrüstgrundzeit</u> t_{rgB} und der <u>Betriebsmittelrüstverteilzeit</u> t_{rvB} zusammen.

- Die **Betriebsmittelausführungszeit** t_{aB} ist die Zeit für das (wertschöpfende) Ausführen eines Auftrags ohne die Rüstzeiten.

- Die **Hauptnutzungszeit** t_h ist die Zeit, die die Maschine für die planmäßige Nutzung zur Erfüllung der Aufgabe benötigt. Sie setzt sich zusammen aus der <u>beeinflussbaren Hauptnutzungszeit</u> t_{hb} und der <u>unbeeinflussbaren Haupnutzungszeit</u> t_{hu}.

- Die **Nebennutzungszeit** t_n ist die Zeit, die die Maschine benötigt, um für die Hauptnutzung vorbereitet zu werden, wie beispielsweise Beschicken oder Entleeren. Sie setzt sich zusammen aus der <u>beeinflussbaren Nebennutzungszeit</u> t_{nb} und der <u>unbeeinflussbaren Nebennutzungszeit</u> t_{nu}.

- Die **Brachzeit** t_b ist das ablaufbedingte Unterbrechen, beispielsweise Warten, bis der Klebstoff abgebunden hat.

- Die **Betriebsmittelverteilzeit** t_{vB} ist die Summe der Zeiten aller Ablaufabschnitte, die zusätzlich zur planmäßigen Ausführung eines Ablaufs durch das Betriebsmittel erforderlich ist.

Auftragszeit

Die Zeit, die ein <u>Mensch</u> zur kompletten Bearbeitung eines Auftrages benötigt.

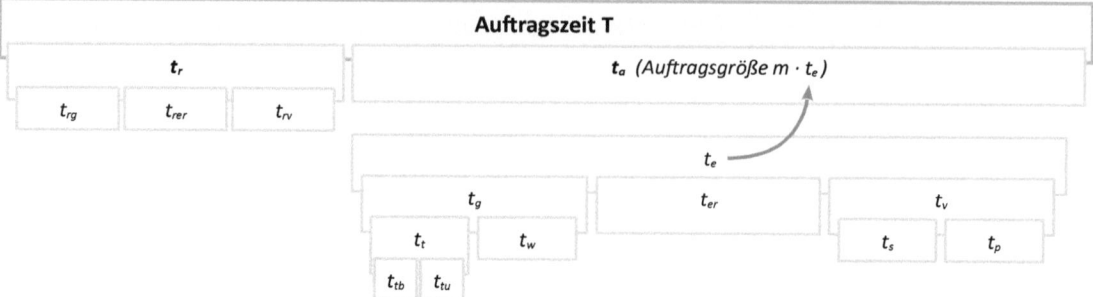

Abbildung 104: Überblick über die Zusammensetzung der Auftragszeit T nach REFA

- Die Auftragszeit T ist die Zeit, die ein Mensch für einen kompletten Auftrag benötigt. Sie setzt sich aus der <u>Rüstzeit</u> t_r und der <u>Ausführungszeit</u> t_a zusammen.

- Die Rüstzeit t_r ist die Zeit zum Ausführen von Rüstaufgaben wie beispielsweise Werkzeuge oder Gussformen einspannen. Sie fällt nur einmal pro Auftrag an, ist nicht wertschöpfend, gehört trotzdem zur Auftragszeit dazu und setzt sich aus der <u>Rüstgrundzeit</u> t_{rg}, der <u>Rüsterholungszeit</u> t_{rer} und der <u>Rüstverteilzeit</u> t_{rv} zusammen.

- Die Ausführungszeit t_a ist die Zeit für das Ausführen eines Auftrags ohne die Rüstzeiten. Sie errechnet sich aus der <u>Auftragsgröße</u> m mal <u>Zeit je Einheit</u> t_e.

- Die Zeit je Einheit t_e ist die Zeit, die der Mensch für ein Stück benötigt. Sie setzt sich zusammen aus der <u>Grundzeit</u> t_g, der <u>Erholungszeit</u> t_{er} und der <u>Verteilzeit</u> t_v.

- Die Grundzeit t_g ist die Zeit, die für die planmäßige Ausführung der Aufgabe für ein Stück benötigt wird. Sie setzt sich zusammen aus der <u>Tätigkeitszeit</u> t_t und der <u>Wartezeit</u> t_w.

- Die Tätigkeitszeit t_t ist die Zeit, die der Mensch für die eigentliche wertschöpfende Tätigkeit benötigt. Sie setzt sich zusammen aus der <u>beeinflussbaren Tätigkeitszeit</u> t_{tb} und der <u>unbeeinflussbaren Tätigkeitszeit</u> t_{tu}.

- Die Verteilzeit t_v sind zusätzliche Zeiten wie beispielsweise „störungsbedingtes Unterbrechen" oder „persönlich bedingtes Unterbrechen". Sie setzt sich zusammen aus der <u>sachlichen Verteilzeit</u> t_s und der <u>persönlichen Verteilzeit</u> t_p.

Weitere Durchlaufzeiten:
- Die Durchführungszeit ist die erforderliche Zeit zur planmäßigen Aufgabendurchführung.
- Die Zusatzzeit ist zusätzlich zur planmäßigen Aufgabendurchführung erforderlich, z. B. für unvorhergesehene Störungen oder Nacharbeiten.
- Während der Zwischen-/Übergangszeit ist die Aufgabendurchführung planmäßig unterbrochen, z. B. Transportzeit oder warten auf die Weiterbearbeitung.

Durchlaufzeitplanung

Die Planung der Durchlaufzeit kann unter Zuhilfenahme von Balkendiagrammen, Vorwärtsterminierung (vom Istzeitpunkt wird in die Zukunft geplant) und Rückwärtsterminierung (vom Endtermin wird rückwärts geplant) erfolgen.

Verfahren zur Durchlaufzeitverkürzung:
- Arbeitssplittung durch Trennung eines Arbeitsganges
- Ausweichen auf ein anderes Fertigungsverfahren oder schnellere Maschinen
- Familienfertigung durch Zusammenfassen mehrerer Aufträge
- Losteilung durch Aufteilung des Auftrages in mehrere kleinere Lose
- Übergangszeitverkürzung durch Verkürzung der Transportzeiten
- Überlappung durch parallele Fertigung von mehreren Arbeitsgängen

4.3 Anlagenüberwachung

Anlagen müssen überwacht und gut behandelt werden, da sie nur bei voller Leistung wirtschaftlich arbeiten.

Mögliche Folgen von verschlissenen Produktionsanlagen:
- Gefährdung der Arbeitssicherheit
- Maschinenschaden und Produktionsstillstand
- Minderung der Produktqualität
- vermehrt Nacharbeit und Ausschuss

4.3.1 Betriebsdatenerfassungssysteme

Ein Betriebsdatenerfassungssystem (BDE-System) erfasst alle organisatorischen und technischen Daten über Zustände und Prozesse im Betrieb. Organisatorische Betriebsdaten sind alle Auftragsdaten (Arbeitsfortschritt) und die dazugehörenden Personaldaten (Arbeitszeit, Lohngruppe). Technische Betriebsdaten sind vor allem Maschinendaten (Laufzeit, Stückzahlen, Störungen) und Prozessdaten (Qualität, Einstelldaten).

Anforderungen an ein Betriebsdatenerfassungssystem:
- Aktualität der Betriebsdaten (Idealfall: in Echtzeit)
- einfache Bedienung
- Möglichkeit zu Korrekturen
- verschiedene Benutzerrechte

Vorteile durch die Nutzung eines Betriebsdatenerfassungssystemes:
- ✓ optimiert Produktionsabläufe und den Einsatz der Betriebsmittel
- ✓ steigert die Effizienz der Maschinen
- ✓ verbessert die Planung durch aktuelle und passende Daten
- ✓ vermindert Ablaufstörungen durch frühzeitige Erkennung

4.3.2 Instandhaltung

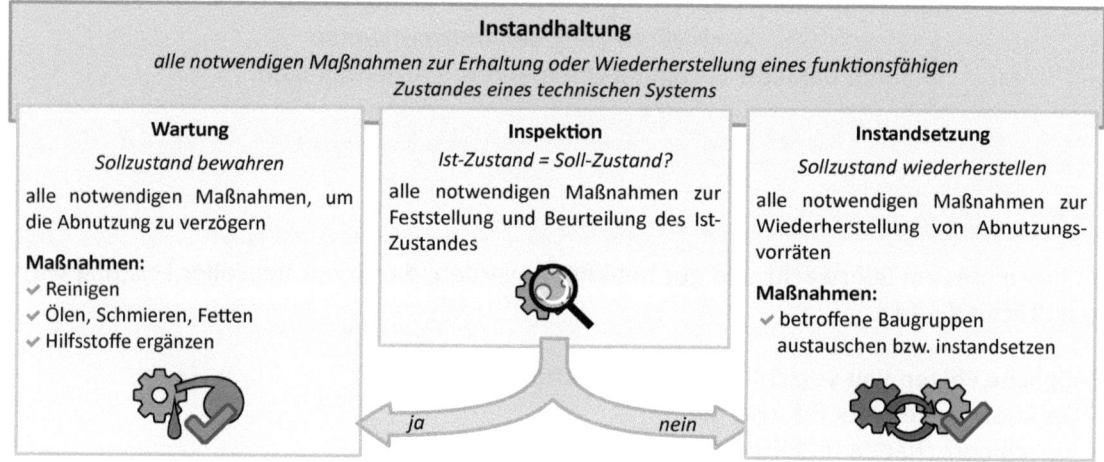

Abbildung 105: Überblick über die Instandhaltung mit den Teilbereichen Wartung, Inspektion und Instandsetzung

Aufgaben der Wartungs- und Instandhaltungsplanung:
- Bevorraten von wichtigen Ersatzteilen
- Erstellen von Plänen für Reinigung, Wartung und Schulung des Personals
- Planen von Terminen für Teil- und Grundüberholungen
- Rechtzeitiges Auswechseln von Verschleißteilen
- Schwachstellenanalyse zur Beseitigung der Ursachen

Instandhaltungsstrategien:
- bei der Ausfallmethode wird eine Instandsetzung erst durchgeführt, wenn es bereits zum Stillstand gekommen ist (ereignisorientierte Strategie)
- bei der Inspektionsmethode wird eine Instandsetzung kurz vor Erreichen der Abnutzungsgrenze durchgeführt (zustandsabhängige, vorbeugende Strategie)
- bei der Präventivmethode wird ein Bauteil unabhängig von seiner Abnutzung in regelmäßigen Abständen ausgewechselt (intervallabhängige, vorbeugende Strategie)

4.4 Produktions- und Organisationstypen

4.4.1 Produktions- bzw. Fertigungstypen

Das Unterscheidungskriterium der Produktions- bzw. Fertigungstypen ist die <u>Häufigkeit</u> der Wiederholung des Fertigungsvorganges.

Produktions- bzw. Fertigungstypen					
Chargen-fertigung	Einzel-fertigung	Kuppel-produktion	Massen-fertigung	Serien-fertigung	Sorten-fertigung

Abbildung 106: Überblick über die Unterscheidung der Produktions- bzw. Fertigungstypen

- Bei einer Chargenfertigung ist der Produktionsprozess bezüglich Qualität und Ausführung ungewollt nicht gleichmäßig, z. B. Lacke, Fließen oder Metallschmelze.
- Bei einer Einzelfertigung wird jedes Erzeugnis individuell auf die Bedürfnisse der einzelnen Kunden hergestellt, z. B. bei Sonderanfertigungen, Großmaschinen oder Schiffe.
- Bei einer Kuppelproduktion (verbundene Produktion) werden aus dem gleichen Grundstoff neben dem eigentlichen Hauptprodukt prozessbedingt weitere verwertbare Nebenprodukte hergestellt, z. B. entstehen bei der Erdölverarbeitung Heizöl, Diesel, Petroleum und Benzin.
- Bei einer Massenfertigung erfolgt die Herstellung großer Mengen an gleichen Produkten auf den selben Maschinen, z. B. Zement, Nägel oder Muttern.
- Bei einer Serienfertigung wird eine begrenzte Anzahl einheitlicher Produkte gleichzeitig hergestellt, ehe eine andere Serie folgt. Man unterscheidet zwischen Klein-, Mittel- und Großserienfertigung, z. B. zuerst Waschmaschinen, anschließend Kühlschränke.
- Bei einer Sortenfertigung werden verschiedene Varianten gleichartiger Produkte nacheinander produziert, die sich nur in Abmessungen, Ausführung oder Qualität unterscheiden. Der Fertigungsverlauf und die dazu benötigten Betriebsmittel sind gleich, z. B. Schrauben oder Autos.

4.4.2 Organisationstypen

Man unterscheidet zwei Strukturierungsprinzipien: Beim Flussprinzip sind die Betriebsmittel in der Reihenfolge aufgestellt, wie sie zur Herstellung des Produktes benötigt werden. Beim Verrichtungsprinzip sind die Betriebsmittel mit gleichartiger Verrichtung in Gruppen zusammengefasst.

Das Unterscheidungskriterium der Organisationstypen ist die <u>Anordnung und Ablauf</u> des Fertigungsvorganges.

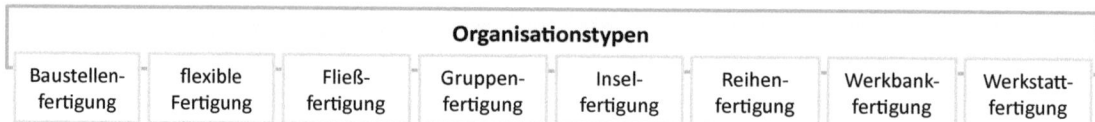

Abbildung 107: Überblick über die Unterscheidung der Organisationstypen

- Bei der Baustellenfertigung sind Arbeitskräfte, Produktions- und Betriebsmittel nicht ortsgebunden, sondern werden an den ortsgebundenen Arbeitsgegenstand gebracht, z. B. Haus-, Tunnelbau.

- Bei der flexiblen Fertigung sind mehrere einzelne Maschinen durch ein gemeinsames Informations- und Materialflusssystem miteinander verbunden. Es können so unterschiedliche Produkte in kleinen Losgrößen gleichzeitig oder nacheinander gefertigt werden.

- Bei der Fließfertigung sind Maschinen und Arbeitsplätze entsprechend dem Fertigungsablauf angeordnet, die durch eine Fördereinrichtung (z. B. Fließband) als Transportmittel miteinander verbunden sind.

- Die Gruppenfertigung ist eine Kombination aus Werkstattfertigung und Fließfertigung, die die Vorteile beider Organisationstypen ausnutzt.

- Bei der Inselfertigung (Zellenfertigung) bearbeiten weitgehend eigenständige Arbeitsgruppen ein Produkt oder Produktteil, ohne dabei den Bereich der Fertigungsinsel zu verlassen. Alle benötigten Betriebsmittel sind der Fertigungsinsel fest zugeordnet.

- Bei der Reihenfertigung, Straßen- oder Linienfertigung (nach dem Flussprinzip) sind Maschinen und Arbeitsplätze entsprechend dem Fertigungsablauf angeordnet, jedoch ohne zeitlichen Ablaufzwang (kein Fließband als Transportmittel).

Vorteile der Reihenfertigung	Nachteile der Reihenfertigung
✓ kurze Durchlaufzeiten ✓ Minimierung der Transportzeit ✓ übersichtliche Fertigung	✗ geringe Flexibilität bezüglich verschiedenen Fertigungsaufgaben ✗ große Störanfälligkeit ✗ psychologische Probleme bei den Mitarbeitern

Tabelle 48: Vor- und Nachteile der Reihenfertigung

- Bei der Werkbankfertigung werden die Produkte die ganze Zeit an einem festen Arbeitsplatz (meist Werkbank) gefertigt. Die dazu notwendigen Werkzeuge, Betriebsmittel und Materialien sind dabei um den Arbeitsplatz angeordnet.

- Bei der Werkstattfertigung (nach dem Verrichtungsprinzip) werden Maschinen, Anlagen und Arbeitsplätze mit gleichartiger Arbeitsverrichtung räumlich zusammengefasst. Der Fertigungsablauf wird durch den Standort der Maschinen und Arbeitsplätze festgelegt.

Vorteile der Werkstattfertigung	Nachteile der Werkstattfertigung
✓ geringe Störanfälligkeit des Produktionsablaufes ✓ große Flexibilität bezüglich verschiedenen Fertigungsaufgaben ✓ Leistungsverbesserung durch Spezialisierung	✗ geringe Transparenz in der Fertigung ✗ hohe Transportzeiten ✗ Zwischenlager erforderlich

Tabelle 49: Vor- und Nachteile der Werkstattfertigung

4.4.3 Gruppen-/Teamarbeit

Eine Arbeitsform, bei der eine bestimmte Anzahl an Mitarbeitern gemeinsam an einer vorgegebenen Aufgabe arbeiten.

Vorteile der Gruppenarbeit	Nachteile der Gruppenarbeit
✓ geringer Steuerungsbedarf durch Selbststeuerung ✓ große Flexibilität und Reaktion ✓ größere Arbeitszufriedenheit ✓ hohe Produktivität	✗ Akzeptanzprobleme innerhalb der Gruppe ✗ Anpassungsprobleme bei der Größe und Zusammensetzung der Gruppe ✗ geringe Auslastung der Betriebsmittel ✗ großer Qualifizierungsaufwand

Tabelle 50: Vor- und Nachteile der Gruppenarbeit

Fertigungsinselprinzip (teilautonome Gruppe)

Die Arbeitsgruppe besitzt so viel Verantwortung und Entscheidungsfreiräume, wie sie für die selbstständige und eigenverantwortliche Fertigung von Produkten oder -teilen benötigt. Sie bestimmt darüber hinaus auch ihre Organisations- und Planungs- oder Kontrollaufgaben weitgehend selbst. Alle benötigten Betriebsmittel sind der Fertigungsinsel fest zugeordnet. Die Vorteile sind neben der eigenständigen Arbeitsweise auch eine mögliche Spezialisierung und eine erhöhte Motivation der Mitarbeiter.

Teamarbeit

Bei der Teamarbeit arbeiten mehrere Mitarbeiter gemeinsam an einer vorgegebenen Aufgabe. Durch die koordinierte Zusammenarbeit und die starke Gruppenbeziehung lässt sich ein höheres Leistungsniveau erreichen als durch die Arbeit eines Einzelnen möglich wäre.

Arbeitsstrukturierung

Varianten der Arbeitsstrukturierung		
Job-Enlargement 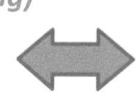	**Job-Enrichment** 	**Job-Rotation**
Arbeitsplatzerweiterung	*Arbeitsplatzbereicherung*	*Arbeitsplatzwechsel*

Abbildung 108: Überblick über die Varianten der Arbeitsstrukturierung

Job-Enlargement (Arbeitsplatzerweiterung/horizontale Umstrukturierung)
Der bisherige Umfang der Arbeit wird um Aufgaben mit dem <u>gleichen Anforderungsniveau</u> erweitert (meist vor- bzw. nachgelagerte Tätigkeiten). Dadurch soll Einseitigkeit vermieden und Abwechslung geschaffen werden.

Job-Enrichment (Arbeitsplatzbereicherung/vertikale Umstrukturierung)
Der bisherige Umfang der Arbeit wird um Aufgaben mit einem <u>höheren Anforderungsniveau</u> bereichert. Der Beschäftigte übernimmt dabei vermehrt Verantwortung (ist meist mit einer Fort-/-Weiterbildung verbunden).

Job-Rotation (Arbeitsplatzwechsel)
Ein <u>rhythmischer Wechsel</u> des Arbeitsplatzes in bestimmten Zeitabschnitten. Dadurch sollen die Fachkenntnisse und Erfahrungen gefördert, sowie Arbeitsmonotonie vermieden werden.

4.5 Arbeitsplatzgestaltung

Die Arbeitsplätze (unabhängig ob Maschine oder Werkbank) müssen so gestaltet sein, dass die dort arbeitenden Menschen ihre Arbeit optimal verrichten können und dabei keine bleibenden körperlichen und psychischen Beeinträchtigungen sowie Schäden bekommen. § 90 Betriebsverfassungsgesetz (BetrVG) regelt, dass bei der Planung, dem Umbau oder der Erweiterung von Arbeitsplätzen die jeweiligen arbeitswissenschaftlichen Erkenntnisse über die menschengerechte Gestaltung der Arbeit angewendet werden müssen.

Aufgaben und Ziele der Arbeitsplatzgestaltung:
- entwickeln und verbessern von Arbeitsverfahren, -methoden und -bedingungen
- gestalten des Arbeitsablaufes zwischen den verschiedenen Arbeitssystemen

Anthropometrie

Um dauerhafte körperliche Schäden zu vermeiden, müssen Arbeitsplätze und -mittel unter der Berücksichtigung anthropometrischer (Lehre von der Ermittlung und Anwendung der menschlichen Körpermaße), arbeitsphysiologischer, bewegungs- und sicherheitstechnischer Bedingungen gestaltet werden.

- Die Arbeitsplatzhöhe bei stehender Tätigkeit beträgt bei Männern 102 cm, bei Frauen 95 cm. Bei sitzender Tätigkeit sollte die Sitzhöhe 42,5 cm betragen und der Arbeitstisch 72 cm bzw. 69 cm hoch sein.
- Der optimale Greifraum (Griffbereich) beträgt ca. 30 cm, der maximale Greifraum beträgt ca. 50 cm.
- Der übersehbare Raum (Gesichtsfeld) mit ruhig gehaltenen Augen und Kopf beträgt ca. 60°.

menschengerechte Arbeit

Die Arbeit gilt dann als menschengerecht, wenn die Mitarbeiter durch die ausgeführte Arbeit keinen gesundheitlichen Gefährdungen ausgesetzt sind, nicht über- oder unterfordert werden und dabei eine hohe Arbeitszufriedenheit herrscht.

Ergonomie

Ein Teilgebiet der Arbeitswissenschaft. Sie dient in erster Linie dazu, die Arbeit bzw. Arbeitsplätze an den Menschen anzupassen und nicht umgekehrt.

Maßnahmen der Arbeitsanpassung an den Menschen:
- körpergerechte Gestaltung der Arbeitsplätze und Betriebsmittel
- Verringerung der körperlichen Beanspruchung auf ein ertragbares Maß
- Gestaltung der Umgebungseinflüsse (z. B. Lärm, Hitze, Vibrationen)
- Schaffung einer möglichst unfallsicheren Arbeitsumgebung

Aber auch der Mensch muss sich in gewisser Weise an die Arbeit anpassen:
- geeignete Personalauswahl
- Personalförderung durch berufliche Weiterentwicklung
- umfassende Einarbeitung durch Unterweisung und Übung

4.6 Produktionscontrolling

Es plant, kontrolliert, informiert und steuert die Leistungserstellung eines Unternehmens.

4.6.1 Balanced Scorecard

Eine Methode zur Messung, Dokumentation und Steuerung der Aktivitäten eines Unternehmens auf seine zukünftigen Visionen und Strategien. Sie dient zur Ausrichtung der Organisation an Visionen und Strategien in den unterschiedlichen Perspektiven (Finanzen, Kunden, Prozesse, Potenzial bzw. Mitarbeiter). Durch die Verwendung von Kennzahlen wird die Erreichung der strategischen Ziele messbar und die Ableitung von Maßnahmen umsetzbar.

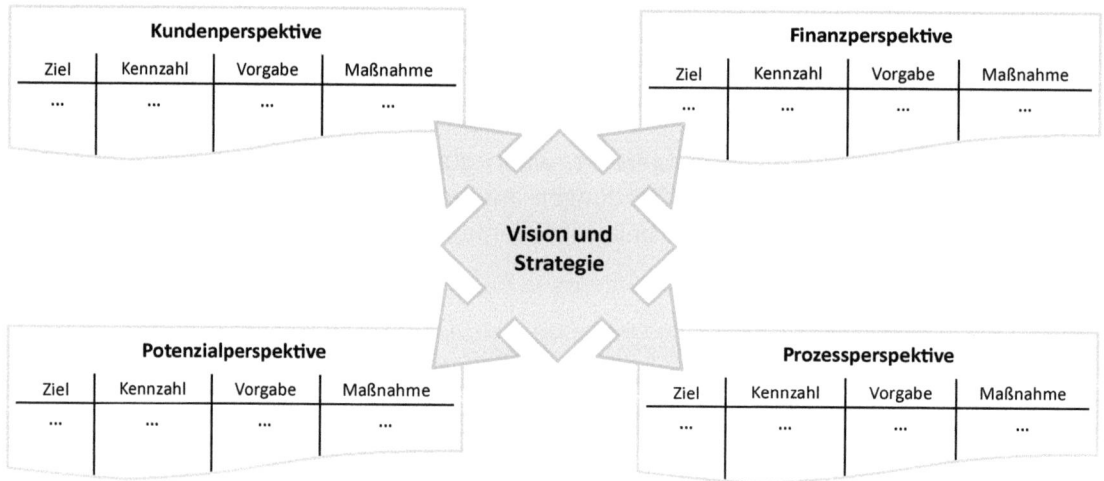

Abbildung 109: Balanced Scorecard

Typische Perspektiven der Balanced Scorecard:
- die Finanzperspektive enthält Kennzahlen zum Erreichen der finanziellen Ziele, beispielsweise Kosten pro Stück
- die Kundenperspektive enthält Kennzahlen zum Erreichen der Kundenziele, beispielsweise Kundenzufriedenheit
- die Prozessperspektive enthält Kennzahlen zum Erreichen der internen Prozess- und Produktionsziele, beispielsweise Prozessqualität
- die Potenzialperspektive enthält Kennzahlen zum Erreichen der Überlebensziele der Organisation, beispielsweise Fluktuation (Mitarbeiter verlassen das Unternehmen auf eigenen Wunsch)

Outsourcing

Es werden ineffiziente oder teuer ausführbare Aufgaben an spezialisierte Drittunternehmen vergeben, um sich auf die eigentliche Kernkompetenz zu konzentrieren.

> **Kernkompetenzen**
> *Alle Tätigkeiten des Unternehmens, die nicht von anderen nachgemacht und durch andere Tätigkeiten ausgetauscht werden können. Sie stellen einen entscheidenden Wettbewerbsvorteil dar.*

4.6.2 Leistungskennzahlen

Sie dienen der Überwachung der Leistung der Produktion.

Produktivität [%] = $\dfrac{\text{Ausbringung} \cdot 100\,\%}{\text{Einsatz}}$	*zeigt das Verhältnis der Ausbringung (Menge) zum Einsatz* *→ je höher, desto besser*
Rentabilität [%] = $\dfrac{\text{Gewinn} \cdot 100\,\%}{\text{Kapital}}$	*zeigt das Verhältnis des Gewinns zum eingesetzten Kapital* *→ je höher, desto erfolgreicher wurde gewirtschaftet*
Wirtschaftlichkeit [%] = $\dfrac{\text{Ertrag} \cdot 100\,\%}{\text{Aufwand}}$	*zeigt das Verhältnis aus erreichtem Erfolg und dem dafür benötigten Aufwand* *→ je höher, desto besser*

4.6.3 Wirtschaftlichkeitskennzahlen

Sie dienen der Überwachung der Wirtschaftlichkeit der Produktion.

Ausschussgrad [%] = $\dfrac{\text{Anzahl der Ausschussstücke} \cdot 100\,\%}{\text{gesamte produzierte Menge}}$	*Verhältnis von Ausschuss zur Gesamtproduktion*
Beschäftigungsgrad [%] = $\dfrac{\text{Fertigungszeiten} + \text{Hilfszeiten} \cdot 100\,\%}{\text{theoretische Einsatzzeit}}$	*gibt an, wie stark die verfügbare Kapazität zur Fertigung genutzt wird*
Gesamtnutzungsgrad [%] = $\dfrac{\left(\substack{\text{Hauptnutz-}\\\text{ungszeit}}\right) + \left(\substack{\text{Nebennutz-}\\\text{ungszeit}}\right) + \left(\substack{\text{Unterbrech-}\\\text{ungszeit}}\right) \cdot 100\,\%}{\text{theoretische Einsatzzeit}}$	*gibt an, wie stark die verfügbare Kapazität insgesamt genutzt wird*

→ siehe Fortsetzung der Wirtschaftlichkeitskennzahlen auf der nächsten Seite

Hauptnutzungsgrad [%] = $$\frac{\text{Hauptnutzungszeit} \cdot 100\,\%}{\text{theoretische Einsatzzeit}}$$	*Verhältnis der Hauptnutzungszeit (die Zeit, die zur geplanten Bearbeitung benötigt wird) zu der theoretischen Einsatzzeit*
Krankenstandsgrad [%] = $$\frac{\text{Krankenstunden} \cdot 100\,\%}{\text{theoretische Einsatzzeit}}$$	*gibt an, wie hoch der Krankenstand ist* → *je niedriger, desto besser*
Mengenleistung [Stück pro Stunde] = $$\frac{\text{gesamte produzierte Menge}}{\text{benötigte Zeit in Stunden}}$$	*gibt die Anzahl der gefertigten Menge pro Stunde an* → *je höher, desto besser*
Personalstandsmesszahl [Faktor] = $$\frac{\text{Mitarbeiteranzahl in der aktuellen Periode}}{\text{Mitarbeiteranzahl in der gleichen Periode des Vorjahres}}$$	*Verhältnis der Mitarbeiteranzahl der aktuellen Periode (z. B. Monat) zu der Mitarbeiteranzahl in der gleichen Periode des Vorjahres*
Rüstzeitgrad [%] = $$\frac{\text{Rüstzeit} \cdot 100\,\%}{\text{Rüstzeiten} + \text{Auftragszeiten}}$$	*Verhältnis der Rüstzeit zur insgesamt benötigten Zeit*

4.7 Rationalisierung

Rationalisierungsmaßnahmen werden in erster Linie durchgeführt, um die Arbeitsbedingungen, -abläufe oder Fertigungsverfahren zu verbessern, mit dem Ziel, Kosten einzusparen oder die Qualität zu erhöhen, um die Wettbewerbsfähigkeit zu steigern.

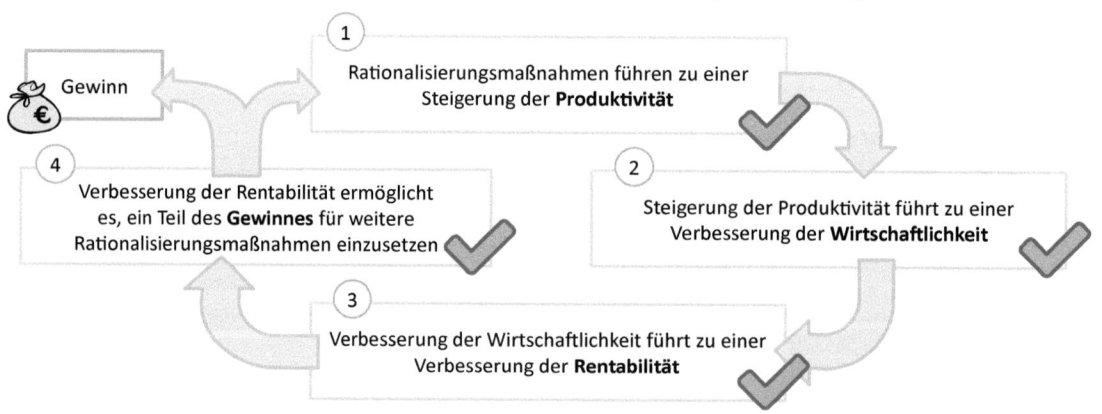

Abbildung 110: Kreislauf der Rationalisierung

4.7.1 Begriffe der Rationalisierung

- **Baukastensysteme** enthalten vorgefertigte, genormte Baugruppen, die miteinander kombiniert werden können.
- **Normung** sind definierte und allgemein anerkannte Richtlinien für Einzelteile.
- **Standardisierung** (Typeneinschränkung) ist die Voraussetzung für die Automatisierung eines Fertigungsprozesses.
- **Teilefamilien** sind fertigungstechnisch verwandte Teile mit ähnlicher Form und ist die Voraussetzung für die Bearbeitung auf gleichen Maschinen mit gleichem Werkzeug.
- **Typung** bezieht sich auf das Endprodukt und soll sich auf so wenig wie möglich unterschiedliche Typen beschränken.
- **Werksnormung** ist eine betriebliche Regelung, die nur für das jeweilige Unternehmen gilt.

Vorteile durch Normung, Typisierung und Standardisierung:

- ✓ durch schnelle Lieferzeiten und viele Anbieter ergibt sich ein geringer Lagerbestand
- ✓ sichert und steigert die Qualität
- ✓ vereinfacht die Konstruktion und Beschaffung
- ✓ verringert die Fertigungskosten

4.7.2 6-Stufenmethode nach REFA

Der Reichsausschuss für Arbeitsstudien (REFA) wurde 1924 gegründet, seit 1977 heißt er REFA-Verband für Arbeitsstudien und Betriebsorganisation. Die Hauptaufgaben des Verbandes liegen in der Entwicklung von Arbeitsgestaltung, Zeitwirtschaft, Arbeitsbewertung und Humanisierung der Arbeitsplätze.

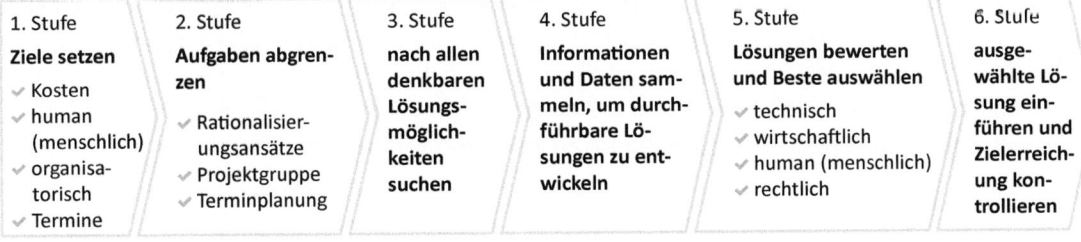

1. Stufe	2. Stufe	3. Stufe	4. Stufe	5. Stufe	6. Stufe
Ziele setzen	**Aufgaben abgrenzen**	**nach allen denkbaren Lösungsmöglichkeiten suchen**	**Informationen und Daten sammeln, um durchführbare Lösungen zu entwickeln**	**Lösungen bewerten und Beste auswählen**	**ausgewählte Lösung einführen und Zielerreichung kontrollieren**
✓ Kosten ✓ human (menschlich) ✓ organisatorisch ✓ Termine	✓ Rationalisierungsansätze ✓ Projektgruppe ✓ Terminplanung			✓ technisch ✓ wirtschaftlich ✓ human (menschlich) ✓ rechtlich	

Abbildung 111: 6-Stufenmethode nach REFA

4.7.3 Zeitwirtschaft

Zeitwirtschaft			
Arbeitsstudium	Systeme vorbestimmter Zeiten	MTM-Verfahren	MTA-Verfahren

Abbildung 112: Überblick über die Unterscheidung der Zeitwirtschaft

Arbeitsstudium

Untersucht systematisch die praktische Arbeit im Betrieb (z. B. Fertigung) und im Büro als Analyse (Untersuchung von Arbeitsabläufen und -vorgängen) oder als Synthese (Gestaltung von Arbeitsabläufen und -systemen).

Systeme vorbestimmter Zeiten (SvZ)

Die benötigten Soll-Zeiten werden aus einer Bewegungstabelle entnommen. Durch die Addition der einzelnen Sollzeiten entsteht die Gesamtsollzeit.

Voraussetzungen für die Anwendung der Systeme vorbestimmter Zeiten:
• auszuführende Vorgänge müssen vom Menschen komplett beeinflussbar sein
• einfache auszuführende oder einfache geistige Tätigkeit
• einheitliche Werkstoffe
• gleichmäßiger und sich wiederholender Ablauf der Tätigkeit
• ortsfester Arbeitsplatz mit normalem Griffbereich

MTM-Verfahren

Das MTM-Verfahren (Methods-Time-Measurement-Verfahren; Arbeitsablauf-Zeitanalyse) ist das am häufigsten eingesetzte SvZ im Arbeitsstudium und wird zur Rationalisierung von Arbeitsplätzen mit regelmäßig auftretender menschlicher Tätigkeit verwendet. Die auszuführende Arbeit wird dabei in folgende Grundbewegungen zerlegt: hinlangen, greifen, bringen, fügen, loslassen, gehen, beugen/bücken und visuelle Kontrolle.

MTA-Verfahren

Das MTA-Verfahren (Motion-Time-Analysis-Verfahren; Multimoment-Verfahren) ist ein Stichprobenverfahren, das die prozentuale Häufigkeit bzw. Dauer von <u>unregelmäßig auftretenden</u> Arbeitsvorgängen bestimmt. Dabei wird die Tätigkeit in unregelmäßigen Intervallen untersucht. Aus den vielen Momentbeobachtungen wird anschließend ein aussagefähiges Abbild der Ist-Abläufe erstellt.

Ablauf des MTA-Verfahrens:
- Festlegung aller wichtigen Bedingungen, wie beispielsweise Beobachtungsmerkmale, Anzahl der Rundgänge, Rundgangswege, Standpunkte
- Beobachtungen
- Momentbeobachtungen schriftlich festhalten
- Momentbeobachtungen auswerten und ein Abbild bestimmen

Vorteile des MTA-Verfahrens	Nachteile des MTA-Verfahrens
✓ Beobachtungen können unterbrochen werden	✖ bei zu kurzen Zeitanteilen ungenaue Angaben
✓ Beobachtungen von mehreren Arbeitsplätzen	✖ keine Beurteilung des Leistungsgrades
✓ durch mehrere Beobachtungen genaue Angaben	✖ Ursache der Arbeitsunterbrechung meist nicht erkennbar
✓ einfache und schnelle Auswertung	
✓ geringer Zeitaufwand	
✓ keine teuren Messgeräte erforderlich	

Tabelle 51: Vor- und Nachteile des MTA-Verfahrens

4.8 Gewerblicher Rechtsschutz

gewerblicher Rechtsschutz						
Patent	Gebrauchs- muster	Geschmacks- muster	Marken- schutz	Urheberrecht	Arbeitneh- mererfindung	Lizenz

Abbildung 113: Überblick über die Unterscheidung des gewerblichen Rechtsschutzes

Schutzrechte, um Dritten die gewerbliche Nutzung und Verwertung von eigenen Ideen und Erfindungen zu verbieten, die einen entscheidenden Wettbewerbsvorteil darstellen. Die Schutzrechte werden beim Deutschen Patent- und Markenamt oder Europäischen Patentamt angemeldet.

Rechtsschutz	schützt	zu beachten	Laufzeit
Patent	neue Erfindungen, die auf einer erfinderischen Tätigkeit beruhen und gewerblich verwendbar sind (technische Gegenstände und Verfahren)	zu patentierendes Objekt darf vorher <u>nicht</u> der Öffentlichkeit bekannt gemacht werden	max. 20 Jahre
Gebrauchsmuster (»kleines Patent«)	neue Erfindungen, die auf einem erfinderischen Schritt beruhen und gewerblich verwendbar sind (nur bewegliche Gegenstände)	zu patentierendes Objekt <u>darf vorher</u> der Öffentlichkeit bekannt gemacht werden	max. 10 Jahre
Geschmacksmuster	gewerbliche Muster, Dekore und Designs		max. 25 Jahre
Markenschutz	• Marken (als Wort-, Bild- oder Kombinationszeichen) • Bezeichnungen • Herkunftsangaben (z. B. »Schwarzwälder Schinken«)		max. 10 Jahre (Verlängerungen sind jedoch möglich)
Urheberrecht	geistliche Werke in den Bereichen Kultur und Informationstechnologie		max. 70 Jahre nach dem Tod des Urhebers

Tabelle 52: Übersicht über den gewerblichen Rechtsschutz mit den jeweiligen Merkmalen

Arbeitnehmererfindung

Steht eine Erfindung in direktem Zusammenhang mit einem Arbeitsverhältnis, muss der Arbeitnehmer diese dem Arbeitgeber bekanntgeben. Das Recht an der Erfindung liegt beim Erfinder. Der Arbeitgeber hat dem Arbeitnehmer für die Inanspruchnahme der Erfindung eine Erfindervergütung zu bezahlen.

Lizenz

Regelt die Übertragung und gewerbliche Nutzung von Warenmarken, Firmenbezeichnungen, Patenten usw. auf eine begrenzte Zeit gegen Zahlung einer Lizenzgebühr.

In dieser Buchreihe sind weiter erhältlich:

Managementprozesse
ISBN 9783752869569
9,95 €

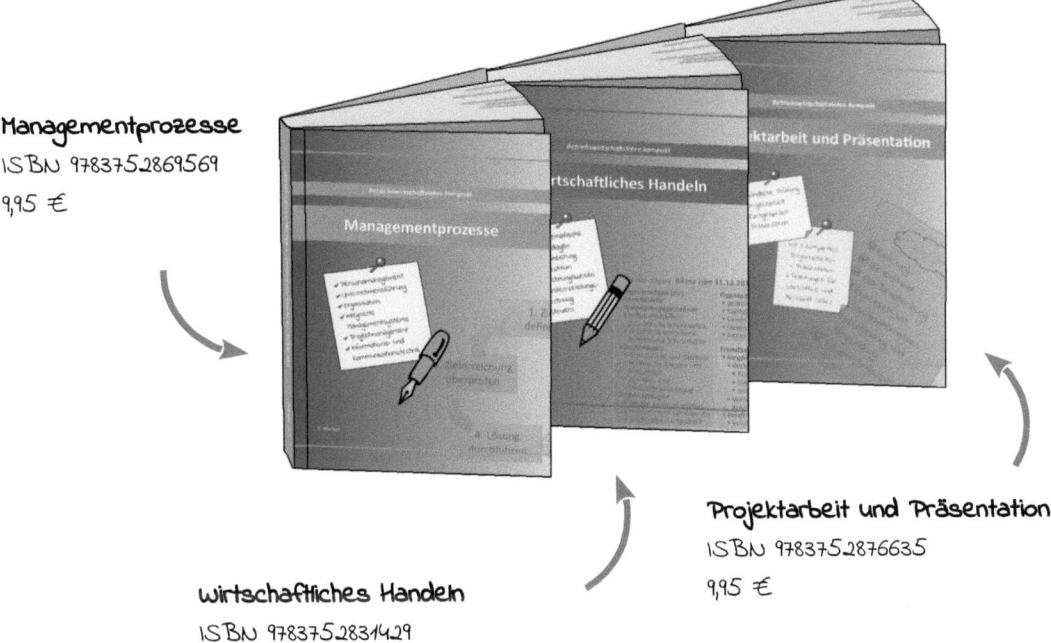

wirtschaftliches Handeln
ISBN 9783752831429
9,95 €

Projektarbeit und Präsentation
ISBN 9783752876635
9,95 €

Alle Bücher sind auch als eBook verfügbar!

5 QUALITÄTSMANAGEMENT

Die Gesamtheit der technischen Maßnahmen, die zum Zweck der Absicherung einer Mindestqualität von Ergebnissen betrieblicher Leistungsprozesse angewendet werden.

5.1 Qualitätsmanagement

Ein ganzheitliches Qualitätsmanagement verbessert die Qualität, minimiert die Kosten und schafft so die Voraussetzung, dass Produkte, Tätigkeiten oder Dienstleistungen den gestellten Qualitätsanforderungen entsprechen. Dabei gilt: die Qualität gibt der Kunde vor.

Bestandteile des Qualitätsmanagements			
Qualitätsplanung	Qualitätslenkung	Qualitätssicherung	Qualitätsverbesserung

Abbildung 114: Überblick über die Bestandteile des Qualitätsmanagements

- Die Qualitätsplanung umfasst die Auswahl der Qualitätsmerkmale, die Festlegung ihrer geforderten und zulässigen Werte bei einem Erzeugnis oder einer Tätigkeit sowie die Planung der Prüfmittel und Prüfmethoden.
- Die Qualitätslenkung veranlasst alle Maßnahmen und Aktivitäten, die zur Erfüllung der von der Qualitätsplanung festgelegten Anforderungen beitragen, um die vorgegebene Qualität sicherzustellen.
- Die Qualitätssicherung legt fest, inwieweit die Erzeugnisse und Dienstleistungen die an sie gestellten Qualitätsanforderungen erfüllen.
- Die Qualitätsverbesserung sorgt dafür, dass die Qualität durch passende innerbetriebliche Maßnahmen ständig erhöht wird.

5.1.1 Qualität

Der Begriff Qualität (lateinisch *qualitas* = „Beschaffenheit, Merkmal, Eigenschaft, Zustand") hat drei Bedeutungen:

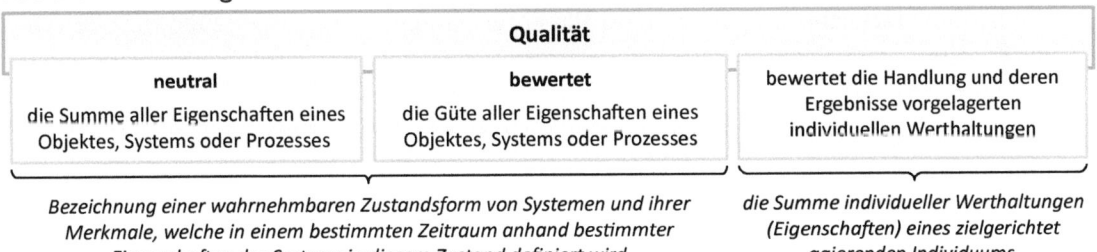

Qualität		
neutral	**bewertet**	bewertet die Handlung und deren Ergebnisse vorgelagerten individuellen Werthaltungen
die Summe aller Eigenschaften eines Objektes, Systems oder Prozesses	die Güte aller Eigenschaften eines Objektes, Systems oder Prozesses	
Bezeichnung einer wahrnehmbaren Zustandsform von Systemen und ihrer Merkmale, welche in einem bestimmten Zeitraum anhand bestimmter Eigenschaften des Systems in diesem Zustand definiert wird		*die Summe individueller Werthaltungen (Eigenschaften) eines zielgerichtet agierenden Individuums*

Abbildung 115: Bedeutung des Begriffes Qualität

> **Definition Qualität**
> DIN 55350 Teil 11: *„Diejenige Beschaffenheit, die eine Ware oder Dienstleistung zur Erfüllung vorgegebener Forderungen geeignet macht."*
> DIN EN ISO 9002:2015: *„Der Grad, in dem ein Satz inhärenter Merkmale eines Objekts die gestellten Anforderungen erfüllt."*

Grundsätze der Qualität:

• Anspruch ist: »Besser sein als andere«
• Erfüllung der Kundenanforderungen zu 100 % (Kundenorientierung)
• Fehlervermeidung nach dem Motto »Mach es gleich richtig« (FMEA)
• Qualität kostet nicht mehr Geld, sondern spart Kosten
• systematischer Weg zur Qualität ist Vorbeugung (Prävention)
• Verpflichtung aller Führungskräfte und Mitarbeiter zur Qualität

5.1.2 Qualitätsaudit

Die Begutachtung der Wirksamkeit des Qualitätssicherungssystems oder seiner Teile.

Planung	Vorbereitung	Durchführung	Auswertung	Nachbereitung
✓ Auditprogramm ✓ Auditteam ✓ Zeitpunkt	✓ Gegenstand ✓ Umfang ✓ Zeitplan ✓ Ziele	gemäß der Planung und der Vorbereitung	Ergebnisse zusammenfassen	Maßnahmen aus den gewonnenen Ergebnissen ableiten

Abbildung 116: Phasen eines Qualitätsaudit

• Ein arbeitsverfahrenorientierter Qualitätsaudit (Prozessaudit) bewertet und analysiert ein Herstellungsverfahren, ob die vorgegebenen Qualitätsanforderungen erfüllt werden.

• Ein erzeugnisorientierter Qualitätsaudit (Produktaudit) bewertet und analysiert ein zufällig entnommenes Erzeugnis (Stichprobe), ob die Qualität den gestellten Anforderungen entspricht, bevor das Produkt ausgeliefert wird. Er wird meistens durch interne oder externe Beanstandungen oder durch Schwierigkeiten im Herstellungsprozess ausgelöst.

• Ein systemorientierter Qualitätsaudit (Systemaudit) bewertet und analysiert das gesamte Qualitätssicherungssystem, ob alle Entwicklungen den vorgegebenen Sollwerten entsprechen.

5.1.3 Qualitätskosten

Die sichtbaren Kosten betragen nur einen kleinen Teil der tatsächlich entstandenen Kosten. Der größte Teil sind die Kosten, deren Auswirkungen man nicht abschätzen kann:

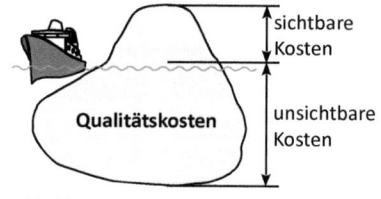

Abbildung 117: Eisberg-Modell

• Qualitätskosten sind direkt sichtbare Kosten aufgrund von Ausschuss, Nacharbeit, Kulanz, Gewährleistung

• zusätzliche Kosten entstehen nachträglich durch Mehrfachbearbeitung, Korrekturen oder schwerwiegende Verluste wie Kundenabwanderung, entgangener Gewinn, Marktanteilsverlust, Imageschaden

Prüfkosten

Kosten für die routinemäßige Feststellung der Qualität in der laufenden Fertigung:

• Abnahmeprüfung
• Endprüfung
• Fertigungsprüfung (eventuell mit Zwischenprüfungen)
• Prüfmittelbeschaffung, -herstellung und -instandhaltung
• Wareneingangsprüfung

Fehlerverhütungskosten

Kosten für vorbeugende Qualitätssicherung im Sinne einer Fehlerverhütung:

• Durchführbarkeitsuntersuchungen
• Lieferantenbeurteilung
• Mitarbeiterschulung in der Qualitätssicherung
• Qualitätsplanung

Fehlerkosten, Fehlerfolgekosten

Kosten, die dadurch entstehen, dass Erzeugnisse oder Arbeitsverfahren den an sie gestellten Qualitätsanforderungen nicht entsprechen:

• Ausschuss
• Aussortieren
• Fehlerursachenanalyse (FMEA)
• Nacharbeit im oder außerhalb des Unternehmens
• Wertminderung

5.1.4 Kontrolle

Die Kontrolle hängt von der Art der Produkte, deren Aufgaben und Ansprüche ab. Der Ablauf der Kontrolle wird in einem Prüfplan beschrieben, der genaue Angaben über Prüfungsablauf und Prüfvorschriften enthält. Das zu verwendende Prüfmittel ist abhängig vom zu prüfenden Produkt und muss bei allen Prüfungen das Gleiche sein, um ein eindeutiges, objektives und vergleichbares Prüfergebnis zu erhalten.

Kontrolle		
100 %-Kontrolle	Siebkontrolle	Stichprobenkontrolle

Abbildung 118: Überblick über die Unterscheidung der Kontrollen

- Bei einer 100 %-Kontrolle wird jedes Produkt geprüft. Sie ist sehr aufwendig und findet daher nur bei hochwertigen oder sicherheitsrelevanten Produkten statt. Sie kann jedoch bei einer zerstörenden Prüfmethode nicht angewandt werden, z. B. bei Airbags.
- Bei einer Siebkontrolle werden die Produkte lediglich nach den Kriterien »gut/schlecht« oder »nacharbeitsfähig/unbrauchbar« durch Lehren- oder Sichtprüfung geprüft.
- Bei einer Stichprobenkontrolle wird nur eine bestimmte Anzahl der gefertigten Menge geprüft. Sie findet meist bei Großserien und Massenartikel Anwendung. Auftretende Störungen und Qualitätstendenzen werden auf Qualitätsregelkarten erfasst und mit den Kontrollvorgaben verglichen.

5.1.5 Statistical Process Control

Statistical Process Control (statistische Prozesslenkung; SPC) ist eine Vorgehensweise zur Optimierung von Produktions- und Serviceprozessen aufgrund statistischer Verfahren. Sie ist nicht geeignet, die Qualität von Produkten zu erhöhen, sondern dient lediglich dazu, ein vordefiniertes Maß an Qualität möglichst kostengünstig einzuhalten.

Vorgehensweise bei der statistischen Prozesslenkung:
- den zu untersuchenden Prozess eindeutig definieren
- Prozesskenner legt fest, welche Messgrößen von Bedeutung sind
- Messgrößen müssen planmäßig während der laufenden Produktion erfasst werden
- Auswertung erfolgt mittels Qualitätsregelkarten

5.1.6 Fehlermöglichkeits- und Einflussanalyse

Die FMEA (Failure Mode and Effect Analysis = Fehlermöglichkeits- und Einflussanalyse) ist eine Methode, bei der alle möglichen Fehler, die auftreten können, systematisch erfasst werden. Dies geschieht schon, <u>bevor</u> der Fehler überhaupt entsteht (eine Art der Vorbeugung). Die Risiken und Folgen eines jeden Fehlers werden beurteilt und entsprechende Gegenmaßnahmen, die das Auftreten verhindern sollen, eingeleitet.

Voraussetzungen für eine FMEA:
• alle Beteiligte müssen sich Kenntnisse über den Aufbau der FMEA aneignen
• bei der Datenerfassung ist auf eine einheitliche/eindeutige Schreibweise zu achten
• der Ablauf muss vor Beginn besprochen und für alle verbindlich festgelegt werden
• es gibt eine Stelle, die den Einsatz der Methode koordiniert und festlegt
• häufig vorkommende Informationen identisch beschreiben und bewerten
• die Unternehmensführung muss über die gesamte Laufzeit an ihr interessiert sein
• Ziel muss sein, dem nächsten Schritt fehlerfreie Ergebnisse zu übergeben

5 Stufen einer FMEA

Festlegung der Funktionsmerkmale und Analyse	Ermittlung der potenziellen Fehler und ihre Ursachen	Bewertung der möglichen Fehler	Festlegung der Abstellmaßnahmen	Neubewertung nach den Abstellmaßnahmen

Abbildung 119: 5 Stufen einer FMEA

Vorteile einer FMEA:
☑ einfache Handhabung durch bereits vorgefertigte Formblätter
☑ verlangt und unterstützt eine gründliche Arbeitsweise
☑ gewährleistet eine kostenoptimale Schwachstellenerkennung
☑ kann bereits in der Entwurfsphase angewendet werden
☑ kann Lücken und Mängel im Pflichtenheft aufdecken
☑ sollte alle möglichen Fehlerursachen aufweisen
☑ Verbesserungen fließen frühzeitig mit ein

Arten der FMEA

Arten	Merkmale
System-FMEA	Betrachtet ein übergeordnetes Produkt oder System. Die Grundlagen sind Produktkonzepte und die FMEA wird bei der Fertigstellung des Produktes angewendet.
Konstruktions-FMEA, Entwicklungs-FMEA	Wird innerhalb eines Entwicklungsprozesses angewendet. Sie analysiert ein Produkt auf Erfüllung der im Pflichtenheft festgelegten Funktionen. Für alle risikobehafteten Bauteile sind geeignete Maßnahmen zur Vermeidung oder Entdeckung der potenziellen Fehler zu planen.
Prozess-FMEA, Fertigungs-FMEA	Wird vor der eigentlichen Herstellung des Produktes angewendet und baut auf den Ergebnissen der Konstruktions-FMEA auf. Fehler in der Konstruktions-FMEA, deren Ursachen im Herstellungsprozess liegen, gehen als Fehler in die Prozess-FMEA ein.

Tabelle 53: Arten der FMEA

Durchführung einer FMEA

| Planung und Vorbereitung | Risikoanalyse | Risikobewertung | Risikominimierung |

Abbildung 120: Durchführung einer FMEA

1. **Planung und Vorbereitung**: Eine erfolgreiche Durchführung einer FMEA setzt eine organisatorische und inhaltliche Planung sowie Vorbereitung voraus, in der das Objekt und die Aufgabenstellung ausgewählt werden. Des Weiteren werden Verantwortliche bzw. Teams und deren Aufgabenverteilung bestimmt sowie Termine festgelegt.

2. **Risikoanalyse**: Zu den erkannten Merkmalen werden alle dazu möglichen Fehler gesammelt. Die Ursachen und Folgen werden beschrieben und analysiert, um geeignete Abstell- und Kontrollmaßnahmen treffen zu können.

3. **Risikobewertung**: Alle Fehler werden auf Wahrscheinlichkeit des Auftretens (A), Bedeutung des Fehlers für den Kunden (B) und Wahrscheinlichkeit der Entdeckung (E) bewertet und mit Werten von 1 bis 10 multipliziert. Aus der Multiplikation der drei Werte $(A \cdot B \cdot E)$ wird die **Risikoprioritätszahl** (RPZ) bestimmt. Sie kann Werte zwischen 1 (kein Risiko) und 1.000 (höchstes Risiko) annehmen und ist ein Maß, mit welcher Priorität passende Abstellmaßnahmen zu erarbeiten sind.

4. **Risikominimierung**: Anhand der Risikoprioritätszahl werden über Qualitätstechniken passende Abstellmaßnahmen entworfen (fehlervermeidende Maßnahmen sind fehlerentdeckenden Maßnahmen vorzuziehen) und deren Durchführungsverantwortliche bestimmt sowie Termine festgelegt. Für die einzelnen Verbesserungsmaßnahmen wird eine erneute Beurteilung des Fehlerauftretens vorgenommen und eine neue RPZ errechnet (die Differenz zwischen früherer und neuer RPZ entspricht dem Erfolg der Maßnahme).

organisatorische Vorbereitung	inhaltliche Vorbereitung	Durchführung der Analyse	Auswertung der Analyseergebnisse	Terminverfolgung und Erfolgskontrolle
✓ Teile/Prozesse für FMEA auswählen ✓ Verantwortliche und Teams bestimmen ✓ Termine festlegen	✓ systematische Vorläufe durchführen ✓ Analysegegenstand strukturieren ✓ Aufgabenverteilung festlegen	✓ Fehler, -folgen und -ursachen bestimmen ✓ vorgesehene Maßnahmen beschreiben ✓ Bewertung des derzeitigen Zustandes nach Auftreten, Bedeutung und Entdeckung	✓ Bestimmung von Maßnahmen zur Risikominimierung ✓ Verantwortliche bestimmen ✓ Termine festlegen	✓ Überwachung der Maßnahmen auf Termin und Wirksamkeit ✓ Bewertung des verbesserten Zustandes

Abbildung 121: Vorgehensweise zur Erstellung einer FMEA

Poka Yoke

Poka Yoke steht für Fehlersicherheit und bedeutet: Poka = unbeabsichtigte Fehler und Yoke = Verhindern durch technische Maßnahmen. Es gibt weder Menschen noch Systeme, die unbeabsichtigte Fehler vollständig vermeiden können. Man verwendet daher technische Hilfsmittel wie z. B. Einlegehilfen, Anschläge an Maschinen, Zweiknopfbetrieb oder Farbkennzeichnungen.

Fehlermanagement (Source Inspection-Methode)

Sie soll nicht nur den Fehler an sich, sondern auch gleich die Bedingungen, die ihn haben ermöglichen lassen, aufdecken.

Fehlermanagement		
Kontaktmethode	Fixwertmethode	Schrittfolgemethode

Abbildung 122: Überblick über die Methoden des Fehlermanagements

- Bei der Kontaktmethode erkennen Sensoren unzulässige Abweichungen. Prüfmechanismen haben direkten Kontakt mit dem Werkstück und erkennen Unregelmäßigkeiten und Abweichungen. Beispielsweise eine Schaltfahne über dem Fließband: fehlerlose Teile passieren ohne Berührung, fehlerhafte Teile berühren sie und es erfolgt ein Warnhinweis.

- Die Fixwertmethode wird in Prozessen angewandt, die sich aus mehreren aufeinander folgenden Arbeitsschritten zusammensetzen. Die Zahl der Teilschritte wird am Ende überprüft. Stimmt die gezählte Anzahl nicht mit der vorgegebenen Sollzahl überein, so liegt ein Fehler vor. Beispielsweise werden Bauteile vor dem Zusammenbau abgezählt, bleiben danach Teile übrig, ist ein Fehler aufgetreten.

- Bei der Schrittfolgemethode werden erforderliche Standardbewegungsabfolgen überprüft und es soll so verhindert werden, dass nicht irrtümlicherweise ein falscher Arbeitsschritt getätigt wird. Beispielsweise ein Scanner zur Erkennung falscher Handgriffe.
  - Bei der Regulierung wird der Fehler schon in der Entstehung erkannt und signalisiert.
  - Bei der Eingriffsmethode wird der Prozess bei einem Fehler sofort angehalten.
  - Bei der Alarmmethode (Warnmethode) wird nur auf die fehlerhafte Situation hingewiesen, der Prozess läuft weiter.

5.1.7 Werkzeuge des Qualitätsmanagements

Das Qualitätsmanagement bedient sich verschiedener Werkzeuge:

- In eine Strichliste werden z. B. Störungen und Merkmale eingetragen, die in Klassen mit bestimmter Klassenweite eingeteilt werden.
- Ein Histogramm ist ein Balkendiagramm zur Darstellung der erfassten Einzelwerte, die in Klassen eingeteilt werden.
- Ein Pareto-Diagramm stellt die Reihenfolge von Auswirkungen in der Relation 80/20 dar.
- Eine Prozessregelkarte (Qualitätsregelkarte) dient der Überwachung eines Prozesses auf Veränderungen gegenüber einem Sollwert.
- Eine ABC-Analyse ist ein Ordnungsverfahren, um Datenmengen in Klassen einzuteilen.

> *Siehe auch unter 3.2.2 ABC-Analyse auf Seite 88.*

- Die Maschinenfähigkeit soll wichtige Kenngrößen eines Produktionsprozesses mittels Einsatz von statistischen Methoden verfolgen, um vor Entstehung fehlerhafter Produkte eingreifen zu können:
  - der Maschinenfähigkeitskoeffizient (c_m) beschreibt die prinzipielle Fähigkeit der betrachteten Maschine
  - der kritische Maschinenfähigkeitskoeffizient (c_{mk}) berücksichtigt systematische Fehler
- Die Prozessfähigkeit kennzeichnet die Stabilität und Reproduzierbarkeit von Produktionsprozessen. Sie setzt sich aus der Maschinenfähigkeit der am Prozess beteiligten Maschinen und weiteren Prozessparametern zusammen.
- arithmetischer Mittelwert

arithmetischer Mittelwert x̄ *[Zahl]* = $\dfrac{x_1 + x_2 + \ldots + x_n}{n}$	*Summe von Werten geteilt durch ihre Anzahl*

- Standardabweichung

Standardabweichung s *[Zahl]* = $\sqrt{\dfrac{\sum (x_i - \bar{x})^2}{n - 1}}$	*Maß für die Streuung von Werten um ihren Mittelwert*

- In einem Korrelationsdiagramm werden zwei Merkmale abgeglichen und auf einen eventuellen Zusammenhang überprüft:
  - bei einer positiven Relation steigen die Messwerte stetig an (linear)
  - bei einer negativen Relation fallen die Messwerte stetig ab (linear)
  - bei keiner Relation liegen die Messwerte unterschiedlich auseinander
  - bei einer komplexen Relation fallen und steigen die Messwerte wieder

5.2 Total-Quality-Management

Total-Quality-Management (TQM) ist eine <u>andauernde Tätigkeit</u>, die alle Bereiche eines Unternehmens erfasst, analysiert und überprüft. Mit ihm soll Qualität als oberstes Ziel dauerhaft garantiert werden.

Methoden des Total-Quality-Managements				
Six Sigma	kontinuierlicher Verbesserungsprozess	Kaizen	PDCA	Quality Function Development

Abbildung 123: Überblick über die Unterscheidung der Qualitätsmanagementmethoden

Six Sigma (Null-Fehler-Qualität)

Eine Methode zur kontinuierlichen Verbesserung der Unternehmensprozesse. Sigma (σ) stammt aus der Statistik und steht dort für Standardabweichung. In einem Prozess, der das Niveau von Six Sigma erfüllt, entstehen bei einer Million möglichen Fehler (DPMO = Defects per million opportunities) lediglich nur 3,4 Fehler (99,99966 % fehlerfrei). Das durchschnittliche Qualitätsniveau jedoch liegt zwischen Sigma-Level 3 (93,3 % fehlerfrei; 66.807 Fehler) und Sigma-Level 4 (99,38 % fehlerfrei; 6.210 Fehler). Das Einführen und Halten des neuen Standards verursachen enorme Kosten, die sich jedoch schnell wieder amortisieren, da kaum noch Ausfälle oder Reklamationen anfallen.

Ziele von Six Sigma

- durch geeignete Strategien ständig Prozesse optimieren
- Abweichungen verkleinern
- Fehler ganz vermeiden

Ablauf von Six Sigma

Jeder Geschäftsprozess muss einzeln und detailliert analysiert werden, um den Qualitätsstandard des Unternehmens bestimmen zu können. Es werden alle denkbaren Fehlerquellen gesucht und anschließend beseitigt. Läuft die Produktion anschließend nach Six Sigma, muss dieser neue Standard auch gehalten werden.

Kontinuierlicher Verbesserungsprozess (KVP)

Wird auch Continuous Improvement Process (CIP) genannt. Ein Prinzip der ständigen Verbesserung, bei dem dauernd nach weiteren Verbesserungen des Systems gesucht wird, die die Qualität der Produkte und Dienstleistungen erhöhen, um die Produktivität zu steigern und gleichzeitig die Kosten zu senken.

Ablauf eines kontinuierlichen Verbesserungsprozesses:
• Thema festlegen und abgrenzen (Was soll verbessert werden?)
• Ist-Zustand und Soll-Zustand beschreiben
• Probleme beschreiben und bewerten (nach der Häufigkeit, Zeit und Kosten)
• Problemanalyse (auf Ursachen, Zusammenhänge, Nebenwirkungen)
• Lösungsideen sammeln, bewerten und entscheiden
• Maßnahmen ableiten, Aufwand und Ertrag bewerten
• Präsentation der Ergebnisse vor dem Entscheidungsgremium
• Maßnahmen vereinbaren (wer, was, wann) und Ressourcen klären
• Maßnahmen umsetzen
• Erfolg prüfen
• Prozess abschließen oder gegebenenfalls nachbessern

Kaizen

Auch kontinuierlicher Verbesserungsprozess (KVP) oder Continuous Improvement Process (CIP) genannt, ist eine japanische Lebens- und Arbeitsphilosophie, die das Streben nach ständiger Verbesserung zu ihrer Leitidee gemacht hat (»vom Guten zum Besseren«) und zu einer stetigen Verbesserung der Wettbewerbsposition führen soll.

Wesentliche Elemente des Kaizen:
• Aufbau eines Qualitätsmanagements
• Investition in die Weiterbildung der Mitarbeiter
• mitarbeiterorientierte Führung
• Prozessorientierung

Methoden des Kaizen			
5-S-Bewegungen	7-M-Checkliste	7-W-Checkliste	Verschwendungsarten

Abbildung 124: Überblick über die Methoden des Kaizen

5-S-Bewegungen

Fünfstufige Vorgehensweise zur Neuplanung und Verbesserung von sauberen, sicheren und standardisierten Arbeitsplätzen:

- ☑ **Seiri**: entferne Unnötiges aus deinem Arbeitsbereich
- ☑ **Seiton**: ordne die Dinge, die nach Seiri geblieben sind
- ☑ **Seiso**: halte deinen Arbeitsplatz sauber
- ☑ **Seiketsu**: mache Sauberkeit und Ordnung zu deinem persönlichen Anliegen
- ☑ **Shitsuke**: mache 5-S durch Festlegen von Standards zur Gewohnheit

7-M-Checkliste (Ishikawa/Ursache-Wirkungs-Diagramm)

Sie wurde um 1940 vom japanischen Wissenschaftler Kaoru Ishikawa entwickelt. Hierbei werden möglichen Ursachen aus den Bereichen Material, Maschine, Mensch, Milieu/Mitwelt, Messbarkeit, Methode und Management gesammelt, die ein bestimmtes Ereignis (Problem) auslösen oder beeinflussen. So sollen ihre Abhängigkeiten dargestellt und erkannt werden. Potentielle Ursachen werden bezüglich ihrer Bedeutung und Einflussnahme auf das Problem gewichtet und entsprechende Maßnahmen abgeleitet.

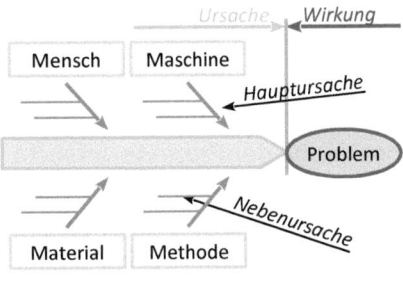

Abbildung 125: Ursache-Wirkungs-Diagramm mit 4 möglichen Ursachen

7-W-Checkliste (7-W-Fragen)

Vorgehensweise, um bei unerwünschten Ergebnissen oder Fehlern nach der Ursache zu forschen, um eine Lösung zu erzielen.

- ☑ **Was** ist zu tun?
- ☑ **Wer** macht es?
- ☑ **Warum** wird es gemacht?
- ☑ **Wie** wird es gemacht?
- ☑ **Wann** wird es gemacht?
- ☑ **Wo** soll es getan werden?
- ☑ **Wieso** wird es nicht anders gemacht?

Verschwendungsarten

Eine Verschwendung ist das unnötige, nicht effektive und nicht nutzbringende Verbrauchen von begrenzten Ressourcen.

- ☑ Bestände: lagernde Bestände sind nicht wertschöpfend
- ☑ Bewegung: jede nicht wertschöpfende Körperbewegung ist unproduktiv
- ☑ Herstellung: durch unzureichende Technologie oder Konstruktion
- ☑ Nacharbeit/Fehler: fehlerhafte Produkte stören den Produktionsfluss
- ☑ Transport: Material-/Produktbewegung ist nicht wertschöpfend
- ☑ Überproduktion: nicht mehr als notwendig produzieren
- ☑ Warten: bei untätigen Mitarbeitern ist die Prozesstaktung nicht optimal

PDCA (Demingkreis)

Ein Problemlösungsprozess, der aus 4 Phasen besteht und durch eine kontinuierliche Verbesserung der Prozesse versucht, die Effizienz des Unternehmens zu erhöhen. Ein erneutes Durchlaufen des PDCA-Zykluses grenzt das Problem weiter ein und Erfahrungen aus vorhergehenden Zyklen können angewendet werden.

1. Plan (planen): Plan für eine Verbesserung wird entwickelt
2. Do (ausführen): Plan wird ausgeführt
3. Check (überprüfen): Auswirkungen der Veränderungen werden beobachtet sowie die Ergebnisse dokumentiert und analysiert
4. Act (verbessern): Ergebnisse werden genau darauf analysiert, was weiter zu verbessern ist und was für den nächsten PDCA-Zyklus von Bedeutung ist

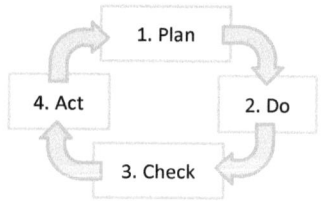

Abbildung 126: PDCA-Zyklus

Quality Function Deployment (QFD)

Kundenwünsche werden als Produkt- bzw. Qualitätsanforderungen verstanden und werden somit von Beginn an bei der Produktentwicklung berücksichtigt.

Vorteile von Quality Function Deployment:
- Produktentwicklung kann besser gesteuert werden
- problematische Produktmerkmale werden erkannt
- positive und negative Abhängigkeiten zwischen einzelnen Produktmerkmalen zeigen sich schon von Beginn an

5.3 Total Productive Maintenance

Total Productive Maintenance (TPM) ist ein Programm zur kontinuierlichen Verbesserung in allen Bereichen des Unternehmens. Es geht vor allem um Vermeidung von Verschwendung und Verluste mit dem Ziel von »Null-Defekte«, »Null-Ausfälle«, »Null-Qualitätsverluste«, »Null-Unfälle« usw.

Die 8 Säulen von TPM:
- Anlaufüberwachung: um eine weitgehend senkrechte Anlaufkurve bei Neuanläufen und Anlagen zu realisieren
- Arbeitssicherheit, Umwelt- und Gesundheitsschutz: Umsetzung der »Null-Unfälle«-Forderung im Unternehmen
- autonome Instandhaltung: der Anlagenbediener soll Inspektions-, Reinigungs- und Schmierarbeiten sowie kleine Wartungsarbeiten selbstständig durchführen
- geplante Instandhaltung: Sicherstellung der 100 % Verfügbarkeit der Anlagen
- kontinuierliche Verbesserung
- Qualitätsmanagement: Realisierung des »Null-Qualitäts-Defekte«-Ziels bei Produkten und Anlagen
- TPM in administrativen Bereichen: Verluste und Verschwendungen in nicht direkt produzierenden Abteilungen eliminieren
- Training und Ausbildung: Mitarbeiter bedarfsgerecht zur Bedienung und Instandhaltung qualifizieren

5.4 Rechnergestützte Qualitätssicherung

CAQ (Computer Aided Quality Assurance) analysiert, dokumentiert und archiviert qualitätsrelevante Daten. Sie umfasst alle computergestützten Maßnahmen zur Planung und Durchführung der Qualitätssicherung und ist daher wichtig zur Risikominimierung nach dem Produkthaftungsgesetz.

 Siehe auch unter 4.2.3 CAQ auf Seite 114.

Funktionalität der rechnergestützten Qualitätssicherung (CAQ)		
Qualitätsplanung	**Qualitätslenkung**	**Qualitätsprüfung**
✓ DOE = design of experiments (statistische Versuchsplanung) ✓ FMEA = Fehlermöglichkeits- und Einflussanalyse ✓ PMÜ = Prüfmittelüberwachung ✓ QFD = Quality Function Deployment (Qualitätsfunktionendarstellung)	✓ QDA = Qualitative Data Analysis (Qualitätsdatenanalyse) ✓ Qualitätsaudit ✓ qualitätsbezogene Kosten ✓ Reklamationen	✓ Prüfplanung ✓ Prüfdatenerfassung ✓ Prüfdatenauswertung ✓ Prüfdatendokumentation

Abbildung 127: Überblick über die Funktionalität der rechnergestützten Qualitätssicherung (CAQ)

Aufgaben der rechnergestützten Qualitätssicherung:
- Prüfmittelverwaltung zur Sicherstellung der Einsatzbereitschaft der im Betrieb eingesetzten Prüfmittel
- Spezifizierung qualitätsbezogener Anforderungen an Produkte und Fertigungsprozesse
- statistische Versuchsplanung (DOE = design of experiments)

5.5 Gewährleistung

Produkthaftung und Produkthaftungsgesetz

Der Hersteller haftet für Schäden an Sachen und Personen aufgrund fehlerhafter Produkte (jedoch nicht für Schäden am Produkt selbst). Der Haftungsanspruch richtet sich direkt an den Hersteller. Als Hersteller gilt auch, wer das Produkt erstmalig innerhalb der EU in den Verkehr bringt oder wer auf ein fremdproduziertes Fertigprodukt seinen Namen anbringt.

Sie darf nicht durch Verträge ausgeschlossen werden und verjährt nach Ablauf von drei Jahren.

Konsequenzen der neuen Produkthaftung für die Produktion:
- besondere Sorgfalt bei der Planung und Konstruktion von neuen Produkten
- Pflichten zur ausreichenden Anleitung der Abnehmer
- Produktbeobachtung der bereits in Umlauf gebrachten Produkte
- Qualitätskontrolle beim Einkauf des Materials
- umfassende Fehler- und Qualitätskontrollen bei der Herstellung selbst

Gewährleistung bei fehlerhaften Produkten

Der Verkäufer ist <u>gesetzlich verpflichtet</u>, Sachen mängelfrei zu liefern und übernimmt auch das Risiko dafür. Ein Mangel ist ein Fehler, der den Wert oder den bestimmungsgemäßen Gebrauch beeinträchtigt oder wenn eine beim Kauf zugesicherte Eigenschaft fehlt. Sie hat auch Gültigkeit, wenn sie nicht ausdrücklich im Kaufvertrag erwähnt wurde.

Gesetzliche Rechtsfolgen für Mängel:
• Wandelung
• Minderung
• Nachlieferung
• Nachbesserung

 Siehe auch unter 2.7.3 Gewährleistung auf Seite 75.

Garantie

Der Hersteller verpflichtet sich <u>freiwillig</u> zu einem Handeln, wenn ein bestimmter Sachverhalt eintrifft. Gewährt der Hersteller eine Garantie, ist er rechtlich an die Erfüllung verpflichtet. Sie hat nur Gültigkeit, wenn sie ausdrücklich im Kaufvertrag erwähnt wurde.

 NICHT VERWECHSELN!
<u>*Gewährleistung*</u> *ist eine gesetzlich vorgeschriebene Leistung bei Mängeln*
<u>*Garantie*</u> *ist eine freiwillige Leistung des Herstellers*

Reklamationsmanagement

Es umfasst das Planen, Durchführen und Überwachen aller notwendigen Maßnahmen, die ein Unternehmen auf Grund von Kundenreklamationen über seine Produkte oder Leistungen ergreift. Eine Reklamation ist eine negative Äußerung von Kunden oder Lieferanten, die dann gerechtfertigt ist, wenn die reklamierte Ware oder Dienstleistung einen Mangel aufweist.

Ziele des Reklamationsmanagements:
✓ negative Auswirkungen (z. B. Kundenabwanderung oder Imageschaden) minimieren
✓ wiederherstellen der Kundenzufriedenheit

Reklamationsabwicklung:
1. Kundenbeschwerde trifft ein
2. zentrale Erfassung der Reklamation
3. Ursachenanalyse und Erstbefundung
4. Treffen des Reklamationsbescheides
5. im Falle einer berechtigten Reklamation:
   a) Definition von Sofortmaßnahmen
   b) Definition von Korrekturmaßnahmen
   c) Wirksamkeitsprüfung durchführen
6. Rückmeldung an Kunde über Reklamationsbescheid
7. Abschluss des Reklamationsvorgangs

Maßnahmen zur Beseitigung eines erkannten Fehlers oder einer unerwünschten Situation:
- Vorbeugungsmaßnahmen sollen das Auftreten eines Fehlers verhindern
- Korrekturmaßnahmen sollen das erneute Auftreten eines Fehlers verhindern

Kundenreklamationen sind als Chance zu sehen:
- sind ein wertvolles Feedback hinsichtlich Verbesserungspotenzialen
- eine zügige, sachgerechte und kulante Regelung verbessern die Kundenbeziehungen
- zeigen ein aktives Kundeninteresse am Unternehmen und an den Produkten

Problemlösung nach 8D (8D-Report)

Ein Dokument, das bei einer Reklamation zwischen Lieferant und Kunde ausgetauscht wird. 8D steht für acht Disziplinen (Schritte), die bei einer Reklamationsabwicklung erforderlich sind, um das Problem zu lösen.

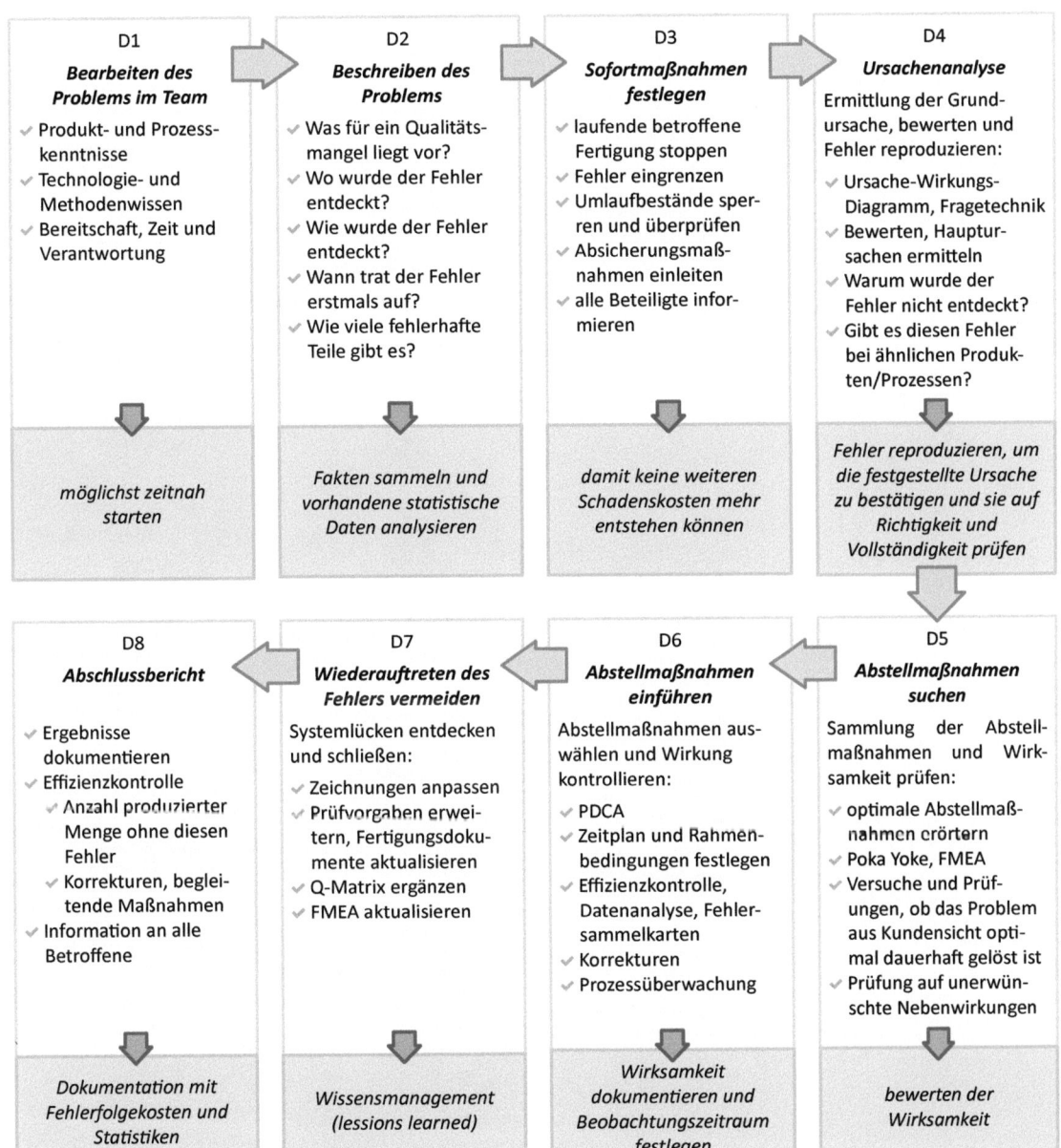

Abbildung 128: Problemlösung nach 8D

6 ARBEITSSCHUTZ

Der Arbeitsschutz umfasst alle Maßnahmen, Mittel und Metho-
den, die dem Schutz der Beschäftigten vor arbeitsbedingten
Sicherheits- und Gesundheitsgefährdungen dienen.

6.1 Rechtsgrundlagen zur Arbeitssicherheit

Das Arbeitsschutzgesetz (ArbSchG) zielt darauf ab, die Sicherheit und Gesundheit der Arbeitnehmer während ihrer Arbeit zu erhalten.

Pflichten des Arbeitgebers	Pflichten des Arbeitnehmers	Behörde und gesetzliche Unfallversicherungsträger
✓ hat die zur Erfüllung aller Arbeits- und Gesundheitsschutzmaßnahmen benötigten Mittel kostenfrei für den Arbeitnehmer zur Verfügung zu stellen ✓ muss Arbeitnehmer ernennen, die Erste Hilfe oder Brandbekämpfung leisten und diese ausreichend und wiederholt unterweisen	✓ ist für die eigene Sicherheit und Gesundheit bei der Arbeit verantwortlich ✓ muss die vom Arbeitgeber zur Verfügung gestellte persönliche Schutzausrüstung (PSA) gemäß ihrer Bestimmung verwenden	✓ überwachen die gesetzlichen Regelungen ✓ dürfen einen Betrieb jederzeit unangekündigt betreten und dabei Unterlagen und Anlagen untersuchen

Tabelle 54: Überblick über die Pflichten der Beteiligten bei der Arbeitssicherheit

6.1.1 Betriebssicherheitsverordnung

Die Betriebssicherheitsverordnung (BetrSichV) zielt darauf ab, die Sicherheit von Arbeitsmitteln (z. B. Anlagen, Maschinen, Geräte, Werkzeuge) und überwachungsbedürftigen Anlagen (z. B. Aufzüge) zu verbessern.

Die Betriebssicherheitsverordnung ist in vier Abschnitte gegliedert:
• Abschnitt 1 enthält Definitionen der Anwendungsbereiche und wichtige Begriffe
• Abschnitt 2 enthält Definitionen der allgemeinen Anforderungen an Arbeitsmittel
• Abschnitt 3 regelt die Anforderung für überwachungsbedürftige Anlagen
• Abschnitt 4 beschreibt die Einrichtung eines Ausschusses für Betriebssicherheit

6.1.2 Arbeitsschutzbestimmungen

Sie legen gesonderte Arbeitsschutzbestimmungen für bestimmte Personengruppen fest.

- Das Jugendarbeitsschutzgesetz (JArbSchG) regelt die Beschäftigung von Jugendlichen (15 bis 17 Jahre):
  - Kinder unter 15 Jahren dürfen generell nicht beschäftigt werden
  - nicht mehr als 8 Stunden täglich
  - nicht mehr als 40 Stunden pro Woche
  - 60 Minuten Pause bei mehr als 6 Stunden täglicher Arbeitszeit

- Das Mutterschutzgesetz (MuSchG) verbietet eine Beschäftigung von 6 Wochen vor und 8 Wochen nach der Entbindung. Darüber hinaus sind zahlreiche Beschäftigungen verboten, wie z. B. Akkord- und Fließarbeit mit fester Taktzeit sowie schwere körperliche Arbeiten.

- Das Schwerbehindertengesetz (SchwbG) regelt die Pflicht der Arbeitgeber zur Beschäftigung schwerbehinderter Menschen.

6.1.3 Arbeitssicherheitsgesetz

Das Arbeitssicherheitsgesetz (ASiG) regelt die betriebliche Organisation des Arbeitsschutzes und schreibt die Ernennung der entsprechenden Personen sowie deren Aufgaben vor.

Personen im Arbeitssicherheitsgesetz			
Betriebsarzt	Sicherheitsbeauftragter	Fachkraft für Arbeitssicherheit (Sicherheitsfachkraft/ Sicherheitsingenieur)	Arbeitsschutzausschuss

Abbildung 129: Personen im Arbeitssicherheitsgesetz

Betriebsarzt

Er muss schriftlich ernannt werden und ist gegenüber dem Arbeitgeber nicht weisungsgebunden und unmittelbar der Geschäftsführung unterstellt.

Aufgaben eines Betriebsarztes:
- Mitarbeiter arbeitsmedizinisch untersuchen und beraten
- Arbeitsbedingungen beurteilen

- auf die Verwendung der bereitgestellten Körperschutzmittel achten
- Arbeitgeber bei der Beschaffung von Arbeitsmitteln, der Auswahl von Körperschutzmitteln sowie bei allen Fragen zum Arbeitsschutz beraten
- Gründe von arbeitsbedingten Erkrankungen analysieren und Maßnahmen zur zukünftigen Vermeidung erarbeiten

Sicherheitsbeauftragter

Sie sind bei mehr als 20 Beschäftigten vorgeschrieben. Es sind Mitarbeiter, die fachlich und mit ihrer Einstellung zur Arbeitssicherheit für andere als Vorbild dienen. Sie sind ehrenamtlich tätig und haben keine rechtliche Verantwortung.

Aufgaben eines Sicherheitsbeauftragten:
- andere Mitarbeiter zu einem sicheren Verhalten anleiten
- auf eventuelle sicherheitstechnische Mängel hinweisen
- Vorgesetzte unterstützen

Fachkraft für Arbeitssicherheit

Fachkraft für Arbeitssicherheit, auch Sicherheitsfachkraft (Sifa) bzw. Sicherheitsingenieur genannt, sind gegenüber dem Arbeitgeber nicht weisungsgebunden und unmittelbar der Geschäftsführung unterstellt. Sie müssen nicht dem Betrieb angehören, sondern können auch externe Mitarbeiter sein. Sie bilden meist eine Stabsstelle (Stelle ohne Weisungsbefugnis) und tragen somit keine Verantwortung.

Aufgaben einer Fachkraft für Arbeitssicherheit:
- auf die Verwendung der bereitgestellten Körperschutzmittel achten
- Anlagen/Arbeitsmittel vor der ersten Verwendung sicherheitstechnisch überprüfen
- Arbeitgeber bei der Beschaffung von Arbeitsmitteln, der Auswahl von Körperschutzmitteln sowie bei allen Fragen zum Arbeitsschutz beraten
- regelmäßig die Arbeitsstätten untersuchen und entdeckte Mängel aufnehmen
- Ursachen von arbeitsbedingten Erkrankungen analysieren und Maßnahmen zur Verhütung erarbeiten

NICHT VERWECHSELN!
*Eine Sicherheits**fachkraft** ist ein Mitarbeiter, der extra dafür angestellt wurde.*
*Ein Sicherheits**beauftragter** ist ein Mitarbeiter, der die Tätigkeit ehrenamtlich ausführt.*

Arbeitsschutzausschuss

Er berät den Arbeitgeber bei allen Fragen zum Arbeitsschutz und Unfallverhütung.

Zusammensetzung des Arbeitsschutzausschusses:

- Arbeitgeber oder einem von ihm Beauftragten
- Betriebsärzte
- Fachkräfte für Arbeitssicherheit
- Sicherheitsbeauftragte
- zwei Betriebsratsmitglieder

6.1.4 Arbeitsstättenverordnung

Arbeitsstätten im Sinne der Arbeitsstättenverordnung (ArbStättV) sind alle Wege (Verkehrs- und Fluchtwege), sämtliche Räume (Lager-, Maschinen-, Pausen- und Sanitärräume wie Umkleide- und Waschräume) sowie sonstige Unterkünfte.

Anforderungen an eine sichere Arbeitsstätte:
- ausreichende Sicherheits- und Gesundheitsschutzkennzeichnung
- erforderliche Raumgröße richtet sich nach der Nutzung
- Fußböden müssen rutschsicher, Wände wärmegedämmt und Decken durchtrittsicher ausgelegt sein
- optimale Lage und gute Erreichbarkeit von Verkehrs- und Fluchtwegen
- optimale Raumbelüftung und -beleuchtung

6.1.5 Betriebsanweisung

Eine Betriebsanweisung ist ein Dokument, welches auf Gefahren hinweist und Schutzmaßnahmen aufzeigt.

Sie muss mindestens enthalten:
- Anwendungsbereich
- Gefahren für Mensch und Umwelt
- Schutzmaßnahmen und Verhaltensregeln
- Verhalten bei Störungen
- Verhalten bei Unfällen, Erste Hilfe
- Sachgerechte Entsorgung
- Instandhaltung (bei technischen Anlagen)
- Folgen der Nichtbeachtung

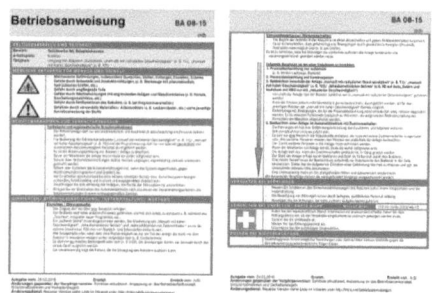

Abbildung 130: Betriebsanweisung

6.1.6 Folgen bei Verstößen

Bei Verstößen gegen Vorschriften und Rechtsnormen der Arbeitssicherheit werden entsprechend den Folgen mit Geldbußen (bis zu 25.000 €) oder Haftstrafen (bis zu 1 Jahr) geahndet. Mitarbeiter, an die Teilaufgaben des Arbeitsschutzes delegiert wurden, sind rechtlich dafür verantwortlich.

> *generell gilt:*
> *Verantwortlich ist immer die Person, welcher man den Verstoß schuldhaft nachweisen kann.*

6.2 Berufsgenossenschaft

Die Berufsgenossenschaft (BG) ist der Träger der gesetzlichen Unfallversicherung. Die Mitglieder sind die einzelnen Betriebe, die Beiträge entrichten und dadurch ihre Mitarbeiter versichern.

Vorschriftenwerk der Berufsgenossenschaft zur Unfallverhütung:
1. berufsgenossenschaftliche Grundsätze (BGG)
2. berufsgenossenschaftliche Vorschriften (BGV)
3. berufsgenossenschaftliche Regeln (BGR)
4. berufsgenossenschaftliche Informationen

Aufgaben der Berufsgenossenschaft:
- <u>Unfallverhütung</u> (Vorbeugung)
  - Festlegen von Vorschriften über sicheres Arbeiten
  - Kontrollieren, ob die Unfallverhütungs- und Arbeitsschutzvorschriften eingehalten werden
  - Beraten der Unternehmen zum Thema Unfallverhütung
  - Qualifizieren der Mitarbeiter zum Thema Unfallverhütung
- <u>Unfallentschädigung</u>
  - Wiederherstellung, Heilbehandlungen
  - Geldleistungen wie Verletztengeld oder Berufsunfähigkeitsrente

6.3 Chemikaliengesetz

Das Chemikaliengesetz (ChemG) soll die Menschen und die Umwelt vor den Folgen von gefährlichen Stoffen bewahren.

Chemikalien-Verbotsverordnung (ChemVerbotsV)

Sie verbietet generell das in Umlauf bringen von bestimmten gefährlichen Stoffen für den allgemeinen Gesundheits- und Umweltschutz im Bereich der Bundesrepublik Deutschland. Die Verordnung trat am 1. November 1993 zum ersten Mal in Kraft, die letzte Neufassung ist vom 20. Januar 2017.

Zu den gefährlichen Stoffen zählen beispielsweise Asbest, Formaldehyd, Benzol, aromatische Aminen, Quecksilber- und Cadmiumverbindungen, Vinylchlorid oder Teeröle.

Gefahrstoffverordnung (GefStoffV)

Sie schreibt das in Umlauf bringen und Kennzeichnen sowie geeignete Schutzmaßnahmen im Umgang mit gefährlichen Stoffen vor.

Merkmale eines Gefahrstoffs:
• ätzend, brandfördernd, entzündlich, explosionsfähig und -gefährlich, giftig, reizend
• Stoffe, aus deren Herstellung oder Verwendung andere Stoffe entstehen, die die oben beschriebenen Eigenschaften aufweisen

Kennzeichnung von Gefahrstoffen
Gefahrstoffe werden mit Piktogrammen dargestellt, die in rot umrandeten Rauten mit weißem Hintergrund stehen.

Abbildung 131: Kennzeichnung von Gefahrstoffen nach GHS (Global harmonisiertes System zur Einstufung und Kennzeichnung von Chemikalien): »explosionsgefährlich«, »entzündlich«, »brandfördernd«, »ätzend«, »giftig«, »umweltgefährlich«

Sicherheitsdatenblatt

Ein Dokument, das alle sicherheitsbezogenen Informationen über Gefahrstoffe und Gemische enthält (ähnlich einer Betriebsanweisung).

Es muss unter anderem folgende Angaben enthalten:
• Bezeichnung des Stoffes bzw. Zubereitung und Angaben zur Zusammensetzung
• chemische und physikalische Eigenschaften
• Maßnahmen zur Brandbekämpfung und bei unbeabsichtigter Freisetzung
• mögliche auftretende Gefahren

Schutzstufenkonzept

Die §§ 7 bis 10 GefStoffV beschreiben konkrete Maßnahmen, die abhängig von den auftretenden Gefährdungen bei Tätigkeiten mit Gefahrstoffen umzusetzen sind:

• §7: Grundpflichten bei der Durchführung von Schutzmaßnahmen (Schutzstufe 1)
• §8: allgemeine Schutzmaßnahmen bei geringer Gefährdung (Schutzstufe 2)
• §9: zusätzliche Schutzmaßnahmen bei erhöhter Gefährdung (Schutzstufe 3)
• §10: besondere Schutzmaßnahmen bei Tätigkeiten mit krebserzeugenden, erbgutverändernden und fruchtbarkeitsgefährdenen Gefahrstoffen (Schutzstufe 4)

Gefährdungsbeurteilung

Der Arbeitgeber darf Arbeiten mit Gefahrstoffen erst dann ausführen, nachdem eine Gefährdungsbeurteilung von fachkundigen Personen durchgeführt und die dazu erforderlichen Schutzmaßnahmen getroffen wurden. Sie kann in Form von Betriebsbegehungen, Arbeitsmittelüberprüfung, Befragung der Arbeitnehmer oder als Auswertung des Unfallgeschehens durchgeführt werden.

Inhalte einer Gefährdungsbeurteilung:
• Art, Ausmaß und Dauer der Aussetzung
• chemische und physikalische Wirkungen
• Grenzwerte der verwendeten Gefahrstoffe
• Merkmale der verwendeten Stoffe
• prüfen der Verwendung von Ausweichstoffen
• Wirkung der getroffenen Schutzmaßnahmen

Rangfolge der Arbeitsschutzmaßnahmen:

Gefahr beseitigen z. B. alternative Stoffe verwenden	Gefährdung beseitigen durch Abschranken der Gefahr (z. B. Schutzvorrichtungen) oder des Menschen (z. B. Tragen von Schutzhandschuhen)	Verhalten an die Gefährdung anpassen

Abbildung 132: Rangfolge der Arbeitsschutzmaßnahmen

Auswahl an Gefährdungsfaktoren, die berücksichtigt werden müssen:
- Einflüsse am Arbeitsplatz, z. B. Klima, Beleuchtung, Lärm, Vibration, Strahlung
- eingesetzte Gefahrstoffe
- elektrische und mechanische Gefährdungen
- physische und psychische Belastungen
- sonstige Gefährdungen

6.4 Sicherheit im Betrieb

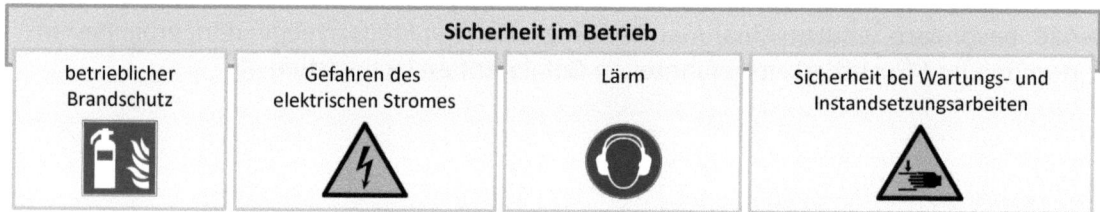

Abbildung 133: Überblick über die Sicherheit im Betrieb

Betrieblicher Brandschutz

Der Arbeitgeber muss geeignete Maßnahmen zur Ersten Hilfe, Brandbekämpfung und Evakuierung der Beschäftigten treffen.

Gefahren des elektrischen Stromes

Gefahren des elektrischen Stromes können durch Durchströmungen des menschlichen Körpers oder Lichtbögen, die zu Verbrennungen führen, entstehen.

Gefährliche Körperströme:
- ab 50 Volt (V) Wechselspannung (AC ~)
- ab 120 Volt (V) Gleichspannung (DC =)

Die 5 Sicherheitsregeln:
• **Anlage freischalten** (stromlos machen durch Netzstecker abziehen oder Sicherung herausdrehen)
• Anlage **gegen Wiedereinschalten sichern** (Hauptschalter oder Stecker abschließen, herausgedrehte Sicherung mitnehmen)
• **Spannungsfreiheit feststellen** (mit einem Messgerät überprüfen)
• **Erden und Kurzschließen** (ab einer Spannung von 1.000 Volt: aktive Teile mit dem Erdungsleiter (PE) verbinden)
• benachbarte, unter Spannung stehende Teile **gegen Berührung abdecken** (mit speziellen nichtleitenden Tüchern, Schläuchen oder Handschuhe tragen)

Lärm

Eine dauerhafte Lärmeinwirkung führt zu Schwerhörigkeit und Gehörschäden, außerdem können akustische Warn- oder Alarmsignale überhört werden. Daher muss über geeignete Maßnahmen die Lärmbelastung auf ein Minimum gesenkt werden.

Werte laut der Lärm- und Vibrations-Arbeitsschutzverordnung:
• 8-Stunden-Tages-Mittelwert: 80 bzw. 85 dB(A)
• einzelner Spitzenwert: 135 bzw. 137 dB(C)

Der Arbeitgeber hat entsprechende Bereiche als Lärmbereich zu kennzeichnen und muss den dort Beschäftigten einen persönlichen Gehörschutz geben.

Sicherheit bei Wartungs- und Instandsetzungsarbeiten

Es besteht eine erhöhte Unfallgefahr, da diese Arbeiten häufig unter Zeitdruck erledigt und dabei Schutzeinrichtungen im Gefahrenbereich entfernt werden. Der Arbeitsschutz muss daher bereits bei der Planung der Anlagen berücksichtigt werden und entsprechende Gefahren durch Warnzeichen gekennzeichnet werden.

6.5 Persönliche Schutzausrüstung

Die Persönliche Schutzausrüstung (PSA) soll eine eventuell noch vorhandene Restgefährdung reduzieren und muss vom Arbeitgeber <u>kostenlos</u> überlassen werden. Die Beschäftigten sind durch das Arbeitsschutzgesetz verpflichtet, diese entsprechend ihrer Verwendung auch zu benutzen.

Einteilung der persönlichen Schutzausrüstung:
- **Kategorie 1** schützt gegen <u>geringe Risiken</u>, z. B. einfache Stoffhandschuhe
- **Kategorie 2** schützt gegen <u>mittlere Risiken</u>, die zu Verletzungen führen können, z. B. Gehörschutz, Schutzbrille, Schutzhandschuhe, Schutzhelme
- **Kategorie 3** schützt gegen <u>bleibende oder tödliche Schäden</u>, z. B. Absturzsicherung, Atemschutzgerät

6.6 Sicherheitskennzeichnung

Die Sicherheitskennzeichnung kennzeichnet möglichen Gefahren durch verständliche und eindeutige Zeichen und ist in den Berufsgenossenschaftlichen Vorschriften geregelt. 2013 wurden die neuen Symbole nach der Norm DIN EN ISO 7010 international und europäisch abgestimmt und in die Technische Regel für Arbeitsstätten ASR A1.3 übernommen.

- **Verbotszeichen** sind runde Schilder mit einem dicken signalroten Rand und einem dicken signalroten Querbalken. Sie weisen auf <u>Verbote</u> hin.

Abbildung 134: einige Verbotszeichen nach DIN EN ISO 7010: »rauchen verboten«, »kein Trinkwasser«, »eingeschaltete Mobiltelefone verboten«, »betreten der Fläche verboten«, »für Fußgänger verboten«

- **Gebotszeichen** sind runde, blaue Schilder mit einem weißen Rand. Sie weisen auf zu tragende <u>Schutzeinrichtungen</u> hin.

Abbildung 135: einige Gebotszeichen nach DIN EN ISO 7010: »Augenschutz benutzen«, »Gehörschutz benutzen«, »Fußschutz benutzen«, »Handschutz benutzen«, »Warnweste benutzen«

- **Warnzeichen** sind dreieckige, signalgelbe Schilder mit einem dicken schwarzen Rand. Sie kennzeichnen <u>Hindernisse</u> und <u>Gefahrenstellen</u>.

Abbildung 136: einige Warnzeichen nach DIN EN ISO 7010: »Warnung vor elektrischer Spannung«, »Warnung vor Laserstrahl«, »Warnung vor Flurförderzeugen«, »Warnung vor ätzenden Stoffen«, »Warnung vor Handverletzungen«

- **Rettungszeichen** sind rechteckige, signalgrüne Schilder mit einem weißen Rand. Sie weisen auf Einrichtungen, Geräte oder Rettungswege hin, die zur <u>Rettung</u> von Personen wichtig sind.

Abbildung 137: einige Rettungszeichen nach DIN EN ISO 7010: »Rettungsweg/Notausgang (links)«, »Erste Hilfe«, »Sammelstelle«, »Augenspüleinrichtung«, »Rettungsweg/Notausgang mit Zusatzzeichen«

- **Brandschutzzeichen** sind quadratische, signalrote Schilder mit einem weißen Rand. Sie weisen auf Einrichtungen und Geräte hin, die für den <u>Brandschutz</u> wichtig sind.

Abbildung 138: einige Brandschutzkennzeichen nach DIN EN ISO 7010: »Feuerlöscher«, »Feuerleiter«, »Brandmelder«, »Löschschlauch«, »Richtungsangabe (nur in Verbindung mit weiteren Brandschutzzeichen)«

7 UMWELTMANAGEMENT

Das Umweltmanagement ist ein Teilbereich des Managements eines Unternehmens, der sich mit den betrieblichen und behördlichen Umweltbelangen befasst.

7.1 Grundlagen des Umweltrechtes

Prinzipien des Umweltrechtes					
Vorsorge-prinzip	**Verursacher-prinzip**	**Kooperations-prinzip**	**Gemeinlast-prinzip**	**Bestand-schutzprinzip**	**Prinzip der Verhältnis-mäßigkeit**
Gefahren/Schäden durch vorbeugendes Handeln vermeiden *Vermeidung vor Beseitigung!*	wer die Umwelt verschmutzt, zahlt auch dafür *Zuordnung allerdings oft sehr schwierig*	Mitwirkung von allen Betroffenen (Staat, Bürger, Wirtschaft) beim Thema Umweltschutz	Kosten trägt die Gemeinschaft, wenn sie dem Verursacher nicht zumutbar sind	keine unnötigen Eingriffe in Natur und Landschaft vornehmen	Nutzen und Aufwand müssen abgewogen werden

Abbildung 139: Überblick über die Prinzipien des Umweltrechtes

Das Ziel des Umweltschutzes ist Menschen, Tiere, Pflanzen, Boden, Wasser und die Atmosphäre vor schädlichen Umwelteinwirkungen zu bewahren und deren Entstehung vorzubeugen.

Umweltverfassungsrecht

Das Umweltverfassungsrecht steht seit 1994 als Artikel 20a im Grundgesetz. Dabei wird unterschieden in das formelle Umweltverfassungsrecht, das die Gesetzgebungs- und Verwaltungszuständigkeiten vorgibt und in das materielle Umweltverfassungsrecht, das die grundrechtlichen Umweltschutzpflichten beschreibt.

Umweltverwaltungsrecht

Das Umweltverwaltungsrecht setzt die übergeordneten EU-Umweltrichtlinien in die nationalen Vorschriften des Umweltverwaltungsrechtes um. Es enthält Gesetze zum Schutz der Umwelt und Verordnungen.

7.1.1 Abfallentsorgung

Die Abfallentsorgung wird über das Kreislaufwirtschafts- und Abfallgesetz (KrW-/AbfG) vorgeschrieben. Es sollen dabei die Abfälle umweltverträglich beseitigt und die natürlichen Ressourcen geschont werden.

Abfälle sind vorrangig zu **vermeiden**... ...anschließend weitgehend zu **verwerten**... ...und erst danach umweltgerecht zu **beseitigen**.

Abbildung 140: Prinzip des Kreislaufwirtschafts- und Abfallgesetz (KrW-/AbfG)

Verordnungen aus dem Kreislaufwirtschafts- und Abfallgesetz: *(Auswahl)*

- die Altfahrzeugverordnung schreibt die Rücknahme und Verwertung von Altfahrzeugen vor und verbietet die Verwendung bestimmter Stoffe in Neufahrzeugen
- die Nachweisverordnung schreibt den Nachweis über die Entsorgung von Abfällen aller Art vor
- die Verpackungsverordnung soll Auswirkungen von Verpackungsabfällen auf die Umwelt minimieren

7.1.2 Gewässerschutz

Der Schutz sowie die Benutzung der Gewässer wird über das Wasserhaus-haltsgesetz (WHG) vorgeschrieben.

Gewässerbenutzung

Um ein Gewässer zu benutzen, wird eine Erlaubnis oder Bewilligung benötigt:

- eine Erlaubnis gewährt eine widerrufliche (befristete) Befugnis, ein Gewässer zu einem bestimmten Zweck zu benutzen, wenn die Schadstoffbelastung minimal gehalten wird
- eine Bewilligung gewährt das grundsätzlich unwiderrufliche Recht auf Benutzung des Gewässers, wenn die Wasserqualität nicht verschlechtert wird

Als Gewässerbenutzung zählt:
- einbringen und einleiten von Stoffen in Gewässer
- entnehmen, ableiten, aufstauen und absenken von Wasser
- entnehmen, aufstauen, ab- und umleiten des Grundwassers

7.1.3 Immissionsschutz

Das Bundes-Immissionsschutzgesetz (BImSchG) schreibt die Reinhaltung der Luft vor.

- Emissionen sind alle aus einer Anlage aus-gehenden Ausstöße, z. B. Luftverunreinigun-gen, Geräusche, Erschütterungen, Licht, Wärme
- Transmissionen ist der Transport der Ausstöße vom Emissionsort zum Immissionsort
- Immissionen sind alle auf eine Anlage einwir-kenden Emissionen

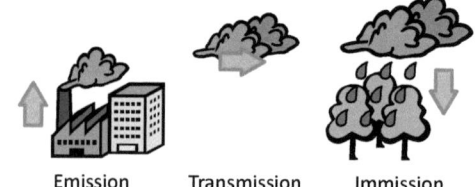

Abbildung 141: von der Emission zur Immission

Verordnungen aus dem Bundes-Immissionsschutzgesetz: *(Auswahl)*
• Verkehrslärmschutzverordnung
• Verordnung über genehmigungsbedürftige Anlagen
• Verordnung über Kleinfeuerungsanlagen
• Verordnung über Schwefelgehalt bestimmter flüssiger Kraft-/Brennstoffe

7.1.4 Folgen bei Verstößen

Wird gegen eine geltende Umweltschutzvorschrift verstoßen, können empfindliche Geldbußen (bis zu 50.000 €) drohen. Schwerwiegende Verstöße können sogar mit einer Haftstrafe bis zu 5 Jahren geahndet werden.

Umweltstraftatbestände:
• Gewässerverunreinigung (Geld-/Freiheitsstrafe bis 3 Jahren)
• Bodenverunreinigung (Geld-/Freiheitsstrafe bis 5 Jahren)
• Luftverunreinigung (Geld-/Freiheitsstrafe bis 3 Jahren)
• unerlaubter Umgang mit radioaktiven Stoffen (Geld-/Freiheitsstrafe bis 5 Jahren)

Arbeitnehmer, an die Teilaufgaben des Umweltschutzes delegiert wurden, sind rechtlich dafür verantwortlich.

> *generell gilt:*
> *Verantwortlich ist immer die Person, welcher man den Verstoß schuldhaft nachweisen kann.*

7.2 Umweltschutztechniken

Der beste Schutz der Umwelt ist, eine Belastung erst gar nicht auftreten zu lassen. Daher sollten Auswirkungen bereits in die Planung mit einfließen, um sie schon von vornherein zu vermeiden bzw. zu reduzieren. Jeder Einsatz eines umweltschädlichen Stoffes sollte überprüft werden, ob sich dieser nicht durch einen weniger schädlichen Stoff ersetzen lässt.

Techniken zur Energieeinsparung

Energieeinsparung bezeichnet das Ziel, einen jetzigen Energieverbrauch zukünftig zu verringern. Dabei ist weder die Art der Energie noch der Verbraucher festgelegt.

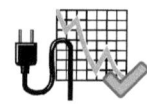

Methoden zur Energieeinsparung:
• entstehende Abwärme im Prozess wieder benutzen
• erhöhen des Wirkungsgrades senkt den Energieverbrauch
• Leitungen gegen Wärmeverlust isolieren
• Maschinen optimieren, überprüfen und Leckagen beseitigen
• minimieren des Energiebedarfes (z. B. kein Stand-by)
• Prozesse anpassen (z. B. Maschinen bei Stillstand abschalten)

Techniken zur Luftreinhaltung

Die Belastung der Luft entsteht aus der Konzentration der relevanten Stoffe.

Verunreinigungen durch Staub:
• Grobstaub: 10 bis 200 µm (1 µm = 1 Mikrometer = 0,001 mm)
• Schwebstaub: 1 bis 10 µm (lungengängig)
• Feinstaub: < (kleiner) 1 µm

Abluftreinigung

Können die schädlichen Auswirkungen nicht vermieden werden, so müssen diese durch geeignete Maßnahmen (z. B. durch Filter oder Auswaschen mit Wasser) auf ein Minimum reduziert werden. Rauchgase, die durch die Verbrennung von fossilen Brennstoffen entstehen, müssen entschwefelt, entstaubt und entstickt werden.

Techniken zur Wasser- und Bodenreinhaltung

Die Belastung der Abwässer und des Bodens entsteht aus der Konzentration der relevanten Stoffe.

Alternativen für die Verwendung von Frischwasser:
• Einsatz von Regenwasser
• Verwendung von Luft anstelle von Wasser, z. B. in Kühlprozessen
• Wasserkreisläufe mit mehrmaliger Verwendung des Wassers mit Aufbereitung

Abwasserreinigung

Die Reinigung des Abwassers kann mechanisch (über Rechen, Siebe), physikalisch (durch Flotation), chemisch (durch Desinfektion, Neutralisation), biologisch (mittels Pflanzenkläranlagen) oder thermisch (durch Destillation) erfolgen.

Techniken zur umweltgerechten Abfallentsorgung

Rohstoffe sollen möglichst lange im Stoffkreislauf bleiben, um die vorhandenen Ressourcen zu schonen. Es gilt der Grundsatz vermeiden → verwerten → beseitigen!

Abfallvermeidung

Es sollten alle Maßnahmen angewendet werden, um Abfälle erst gar nicht entstehen zu lassen und bereits während des Produktionsprozesses die Verwertungsmöglichkeiten auszunutzen.

Abfallverwertung (Recycling)

Der zu verwertende Rohstoff bleibt im Stoffkreislauf erhalten (stoffliche Verwertung) und trägt so zur Schonung der Ressourcen bei, z. B. Glas-, Schrott- und Papierrecycling. Des Weiteren kann der Energieinhalt von Abfällen zur Strom- oder Wärmeerzeugung genutzt werden (thermische Verwertung). Die dabei entstehenden Restabfälle (Asche/Abgase) dürfen dabei keine Belastung für die Umwelt darstellen.

Abfallbeseitigung

Es ist die letzte Möglichkeit, wenn alle anderen Maßnahmen ausgeschöpft sind. Die Abfälle müssen so beseitigt werden, dass keine Gefahr für die Gesundheit der Menschen und der Umwelt besteht.

8 *FÖRDERTECHNIK*

Alle Einrichtungen zum Transport von Stückgut (z. B. Kisten, Paletten) oder Schüttgut (z. B. Getreide, Granulat, Sand), sowie die Prozessgestaltung der Anlagen (Transport, Umschlag und Lagerung).

8.1 Grundlagen der Fördertechnik

Das Grundprinzip der Fördertechnik lautet: „Güter in einer bestimmten Anzahl in einer bestimmten Zeit am richtigen Ort bereitstellen".

Ordnung der Fördertechnik

Abhängig vom Zweck der Beförderung des Fördergutes unterteilt man:

1. Ordnung: von Betrieb zu Betrieb
2. Ordnung: vom Lager zur Produktionsstätte (Maschine)
3. Ordnung: von Maschine zu Maschine
4. Ordnung: am Arbeitsplatz

Auftretende Kräfte

Folgende Kräfte wirken auf den Antrieb (Motoren, Getriebe, Kupplungen, Bremsen) bzw. auf die Mitnahmeelemente oder Lastenaufnahmemittel:

- Druckkraft wirkt auf die Trommel
- Gewichtskraft wirkt bei Hubarbeit
- Hebekraft wirkt bei Transportwagen, Ladungsverschiebung
- Kippmoment wirkt bei schräger Förderlage, speziell bei hohen Teilen
- Massenträgheit wirkt beim Anlauf des Fördergutes
- Reibungskraft wirkt bei Förderbändern ohne Mitnahmeelemente
- Schwingungen wirken auf die Förderanlage und das Umfeld
- Zugkraft wirkt auf das Transportband

Bestandteile von Fördersystemen

Elektromotoren

Sie wandeln elektrische Energie in mechanische Energie (Drehbewegung) um. Eine Spule im Inneren des Motors wird dabei vom Strom durchflossen, die ein Magnetfeld erzeugt, das die Motorwelle in Drehbewegungen versetzt.

Anforderungen an Elektromotoren:
• große Belastbarkeit durch auftretende Kräfte
• lange Laufzeiten
• resistent gegen schwankende Belastungen (beladen bzw. unbeladen)
• sanftes Anfahren und Abbremsen
• wirtschaftlich in Bezug auf Kosten, Leistungsverhältnis, Wartung

Arten von Elektromotoren:
• Linearmotor für berührungslose Transfersysteme, Laufkatzen
• Stirnradgetriebemotor für Kleinförderbänder
• Trommelmotor für Bandantriebe
• Umwuchtmotor für Schwingförderanlagen

Zugmittel
Elemente zur Kraftübertragung, die jedoch nur in Zugrichtung wirksam sind.
• Hanfseile aus Manila oder Sisal-Hanf sind sehr biegsam, haben jedoch nur eine geringe Zugfestigkeit (bis 120 N/mm²).
• Chemiefaserseile (Kunststoffseile aus Polyamid oder Polyesterfäden) sind weniger biegsam, haben aber eine höhere Zugfestigkeit als Hanfseile. Sie werden zudem bei höheren Temperaturen beschädigt.
• Drahtseile bestehen aus mehreren dünnen, verflochtenen Stahldrähten und haben dadurch eine sehr hohe Zugfestigkeit (bis 1.960 N/mm²).
  • Bei Gleichschlagseilen sind die Stahldrähte in den Litzen in der gleichen Richtung gedreht wie die Litze. Sie sind sehr biegsam und besitzen einen Drall zum Aufdrehen (nur für geführte und nicht frei hängende Lasten geeignet).
  • Bei Kreuzschlagseilen ist die Flechtrichtung der Drähte und der Litzen verschieden, sie sind für frei hängende Lasten (z. B. im Kranbau) geeignet.
• Hebebänder aus Polyestergewebe sind verstärkte, zweilagige Bänder mit Endbeschlag und haben eine hohe Tragfähigkeit bis 2.000 kg.

Ketten
Eine Kette besteht aus mehreren beweglichen, ineinander gefügten oder mit Gelenken verbundenen Gliedern.

• Antriebsketten in Form von Zahnketten und Rollenketten
• Förderketten in Form von Gelenkketten zur Mitnahme des Fördergutes
• Last- und Hubketten in Form von Gelenkketten zur schlupffreien Übertragung

Mitnahmeelemente

Alle Vorrichtungen, die das Fördergut in Förderrichtung weiter transportieren (mitnehmen), z. B. Erhöhungen an einem Fließband.

Hebezeuge

Hubeinrichtungen, die Güter horizontal oder vertikal transportieren, z. B. Aufzug, Hebebühne, Hochhubwagen, Kran, Palettenheber, Scherenhubwagen, Seilzug.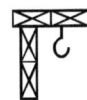

Anschlagmittel

Sie tragen die Nutzlast und gehören nicht zum Hebezeug selber, z. B. Bänder, Ketten oder Seile.

Lastaufnahmemittel

Alle Vorrichtungen, die eine wieder trennbare Verbindung zwischen Hebezeug und Transportgut während der Beförderung herstellen:

- formpaarige Lastaufnahmemittel wie Haken, Gabel, Klauen, Gehänge
- kraftpaarige Lastaufnahmemittel wie Klemmen, Zangen, Greifer
- Lasthaftgeräte arbeiten mit Magnete oder mit Vakuum

Handhabungsgeräte

Eingebaute Ausgleichsgewichte mit Seilzügen lassen große Lasten schweben, so dass die Last durch kraftsparendes Ziehen oder Schieben bewegt werden kann.

- Ein Manipulator schwenkt und richtet eine Last aus einer horizontalen Lage in eine vertikale Lage aus. Sie sind oft pneumatisch oder hydraulisch angesteuert und erlauben so das Ausrichten in jede gewünschten Position.
- Ein Balancer hebt und richtet eine Last aus einer horizontalen Lage in eine vertikale Lage aus. Sie sind im Gegensatz zum Manipulator direkt manuell angesteuert und werden oft verwendet, wenn große Güter vom Fördersystem genommen und in eine Verpackung gesetzt werden.

8.2 Fördersysteme

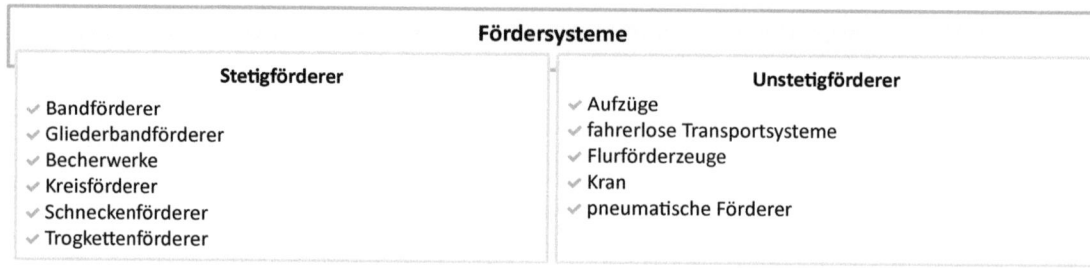

Fördersysteme	
Stetigförderer	**Unstetigförderer**
✓ Bandförderer	✓ Aufzüge
✓ Gliederbandförderer	✓ fahrerlose Transportsysteme
✓ Becherwerke	✓ Flurförderzeuge
✓ Kreisförderer	✓ Kran
✓ Schneckenförderer	✓ pneumatische Förderer
✓ Trogkettenförderer	

Abbildung 142: Überblick über die Fördersysteme

8.2.1 Stetigförderer

Sie transportieren das Fördergut ununterbrochen (stetig, ohne Pause dazwischen).

Stetigförderer					
Bandförderer	Gliederband-förderer	Becherwerke	Kreisförderer	Schnecken-förderer	Trogketten-förderer

Abbildung 143: Überblick über die Stetigförderer

Bandförderer

Transportieren Schütt- und Stückgut über ein starres Band horizontal oder diagonal in geraden Bahnen.

Bandförderer		
nach Art der Bänder	**nach Art der Linienführung**	**nach Art der Ausführung**
✓ Stahlbandförderer	✓ Horizontalförderer	✓ ortsfest (stationär)
✓ Drahtgurtförderer	✓ Schrägförderer	✓ fahrbar
✓ Riemenförderer	✓ Steilförderer	✓ tragbar/rückbar
✓ Seilförderer	✓ Kurvenförderer	✓ flache oder gerundete Mulde

Abbildung 144: Überblick über die Bandförderer

Vorteile von Bandförderer	Nachteile von Bandförderer
✓ einfache Bauweise	✗ ansteigende Förderung beschränkt
✓ geringe Investitions-/Wartungskosten	✗ nur geradlinige Streckenführung (Kurven nur mit Sonderkonstruktionen)
✓ große Förderströme/-geschwindigkeit	✗ starke Staubentwicklung bei offener Förderung
✓ geringer Energiebedarf	
✓ Schonung des Fördergutes	

Tabelle 55: Vor- und Nachteile von Bandförderer

Gliederbandförderer

Transportieren das Fördergut über ein flexibles Gliederband horizontal oder diagonal in geraden sowie in geschwungenen Bahnen.

Gliederbandförderer		
Kastenbandförderer	**Plattenbandförderer**	**Trogbandförderer**
Platten aus Kästen mit Seitenwänden und Querstegen für scharfkantiges und heißes Schütt- sowie Massengut und schweres Einzelstückgut	Platten ohne Seitenwände und ohne Querstege für schleißendes und aggressives Schüttgut	Platten mit Seitenwänden und ohne Querstege für schwere und heiße Stückgüter

Abbildung 145: Überblick über die Gliederbandförderer

Becherwerke

Schüttgutförderer, die das Fördergut in Bechern nach oben transportieren.

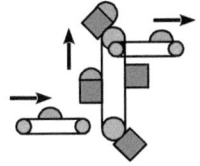

Becherwerke	
Gurtbecherwerke	**Kettenbecherwerke**
Becher sind mit Gurt verbunden, für rieselfähige Güter (z. B. Granulat)	Becher sind mit Kette verbunden, für schwere und stückige Güter (z. B. Kohle)

Abbildung 146: Überblick über die Becherwerke

Kreisförderer

Transportieren das Fördergut mit Gehängen, die in gleichem Abstand an Rollen oder an einer Kette befestigt sind und an der Decke in Führungen laufen, die einen geschlossenen Kreislauf bilden.

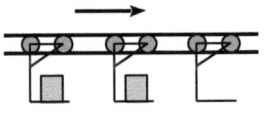

Kreisförderer			
Einschienenkreisförderer	**Zweischienenkreisförderer**	**Einbahnkreisförderer**	**Zweibahnkreisförderer**
Gehänge laufen auf <u>einer</u> Schiene	Gehänge laufen auf <u>zwei</u> Schienen	Lastgehänge und Zugkette laufen auf einer Bahn	Lastgehänge und Zugkette laufen auf zwei Bahnen

Abbildung 147: Überblick über die Kreisförderer

Vorteile von Kreisförderer	Nachteile von Kreisförderer
✓ Anpassung des Gehänges an das Fördergut ✓ flurfreie Förderwege durch Deckennutzung ✓ geringer Verschleiß und einfache Wartung ✓ leichter Einbau in bestehende Gebäude	✗ geräuschvoller Lauf ✗ kleine Fördergeschwindigkeit ✗ Unfallgefahr durch schwebende Lasten

Tabelle 56: Vor- und Nachteile von Kreisförderer

Schneckenförderer

Transportieren das Fördergut mittels sich drehender, schraubenförmiger Schnecke in einem Trog oder Rohr über kurze Entfernungen horizontal, diagonal oder vertikal.

Schneckenförderer	
Schneckenförderer	**Schneckenrohrförderer**
In einem <u>ruhenden</u> Rohr dreht sich eine Schnecke. Zur Förderung von staubförmigen bis kleinstückigen, halbfeuchten und faserigen Stoffen wie Zement oder Getreide aber auch für schwere Güter wie Kohle oder Sand.	In einem <u>rotierenden</u> Rohr ist an der Innenseite eine Bandschnecke befestigt. Zur Förderung von staubförmigen bis kleinstückigen Gütern, wenn zusätzlich ein Durchmischen stattfinden soll oder für empfindliche Güter, da das Fördergut nicht eingeklemmt werden kann.

Abbildung 148: Gliederung der Schneckenförderer

Vorteile von Schneckenförderer	Nachteile von Schneckenförderer
✓ geringe Unfallgefahr	✗ Beschädigung des Fördergutes
✓ geringer Platzbedarf	✗ große Antriebsleistung
✓ gute Be- und Entladung	✗ hohe Wartungskosten
✓ staubfreie Förderung	

Tabelle 57: Vor- und Nachteile von Schneckenförderer

Trogkettenförderer

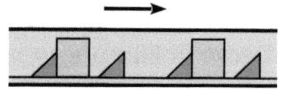

Fördersysteme, bei denen die Kette (mit oder ohne Mitnehmer) in einem geschlossenen Trog das Fördergut vorwärts schiebt. Sie werden zur horizontalen bis vertikalen Förderung von staubförmigen bis kleinstückigen Schüttgütern verwendet. Auch der Transport von heißen Fördergütern ist möglich.

Vorteile von Trogkettenförderer	Nachteile von Trogkettenförderer
✓ Förderung heißer Fördergüter	✗ geringe Fördergeschwindigkeit und Förderlänge
✓ gleichzeitiges fördern und sieben	
✓ ruhige Lage des Fördergutes (keine Umwälzung)	✗ hoher Energieverbrauch
✓ Umkehrbarkeit der Förderrichtung	✗ starker Verschleiß

Tabelle 58: Vor- und Nachteile von Trogkettenförderer

8.2.2 Unstetigförderer

Sie transportieren das Fördergut unterbrochen (unstetig, je nach Bedarf).

Unstetigförderer				
Aufzüge	fahrerlose Transportsysteme	Flurförderzeuge	Kran	pneumatische Förderer

Abbildung 149: Überblick über die Unstetigförderer

Aufzüge

Anlagen, mit denen Personen oder Lasten in einer beweglichen Kabine in vertikaler oder diagonaler Richtung zwischen verschiedenen Ebenen transportiert werden.

Aufzüge	
nach Nutzung	**nach Antriebssystem**
✓ Güteraufzüge befördern ausschließlich Güter ✓ Lastenaufzüge befördern hauptsächlich Güter ✓ Personenaufzüge befördern hauptsächlich Personen	✓ Hydraulikaufzug z. B. Hebebühne ✓ Seilaufzug mit Stahl- oder Kunststoffseile ✓ Sonderantrieb z. B. Permanentmagnetantrieb

Abbildung 150: Überblick über die Aufzüge

fahrerlose Transportsysteme (FTS)

Flurgebundene Fördersysteme mit automatisch geführten und fahrerlosen Transportfahrzeugen (FTF), die Ladungsträger zwischen Stationen innerhalb eines Fahrkurses befördern. Die Lastaufnahme und -übergabe sowie die Steuerung erfolgt in der Regel automatisch.

fahrerlose Transportsysteme		
nach Art der Beförderungsmenge	**nach Art des Orientierungssystems**	**nach Art des Einsatzes**
✓ Single-load carrier transportieren immer nur eine Ladungseinheit ✓ Multiple-load carrier transportieren mehrere Ladungseinheiten gleichzeitig	✓ leitliniengebunden über im Boden eingelassene Leitdrähte oder optisch mittels Sensoren und Kamerasystemen ✓ leitlinienfrei über softwarebasierte Leitlinien mittels Ortungssystemen	✓ Mitfahrsystem: Mitarbeiter fährt während der Montage mit ✓ mobiler Montageplatz: bleibt während der Bearbeitung stehen ✓ Taxi-System dient ausschließlich zur Ver- und Entsorgung

Abbildung 151: Überblick über die fahrerlosen Transportsysteme

Flurförderzeuge

Fördermittel, die auf dem Flur (Boden) laufen, frei lenkbar sind und für den innerbetrieblichen Transport verwendet werden. Sie befördern, schieben oder ziehen Lasten, wie z. B. Elektrokarren oder Gabelhubwagen.

Flurförderzeuge			
gleisgebunden oder gleislos	mit Manipulatoren oder zusätzlichen Hebezeugen	mit Regalbediengeräten (RBG)	mit und ohne eigenem Antrieb

Abbildung 152: Überblick über die Flurförderzeuge

Kran

Anlagen, die manuell oder mittels Motoren Lasten vertikal und horizontal transportieren.

Kräne	
Hängekran	**Brückenkran**
✓ Aufhängung an einer verfahrbaren Kranlaufbahn ✓ Möglichkeit, auf Nachbarhängebahn zu überfahren	✓ große Spannweite ✓ in Großmaschinenbauhallen, Gießereien, Hüttenwerken

Abbildung 153: Überblick über die Kräne

Pneumatische Förderer

Fördersysteme, die das Fördergut mit einem Luftstrom durch ein geschlossenes Rohrsystem saugen oder blasen.

pneumatischen Förderer		
Niederdruckanlagen	**Mitteldruckanlagen**	**Hochdruckanlagen**
Überdruck bis 0,2 bar für leichte, trockene, pulverförmige Fördergüter	Überdruck bis 0,5 bar für körnige Fördergüter mittlerer Dichte	Überdruck bis 10 bar für schwere oder feuchte Fördergüter

Abbildung 154: Überblick über die pneumatischen Förderer

ABKÜRZUNGSVERZEICHNIS

STICHWORTVERZEICHNIS